Hermann Schmidt

Zauber am Millerntor

Aus dem Leben eines FC St. Pauli-Fans

FÜR KAI UND HENNING.

Und gewidmet den Spielern des FC St. Pauli in der Saison 2006/07, deren Trainer und dem Präsidenten:
Patrik Borger
Benedikt Pliquett
Timo Reus
Florian Lechner
Fabio Morena
Carsten Rothenbach
Ian Joy
Marcel Eger
Hauke Brückner
Thomas Meggle
Timo Schultz
Morike Sako
Michel Mazingu-Dinzey
Daniel Stendel
Fabian Boll
Florian Bruns
Marvin Braun
Felix Luz
Jeton Arifi
Charles Takyi
Ahmet Kuru
Holger Stanislawski
André Trulsen
Corny Littmann

Hermann Schmidt

Zauber am Millerntor

Aus dem Leben eines FC St. Pauli-Fans

VERLAG DIE WERKSTATT

FC ST. PAULI
ST. PAULI
securvita
DAS BESTE AUS ZWEI WELTEN

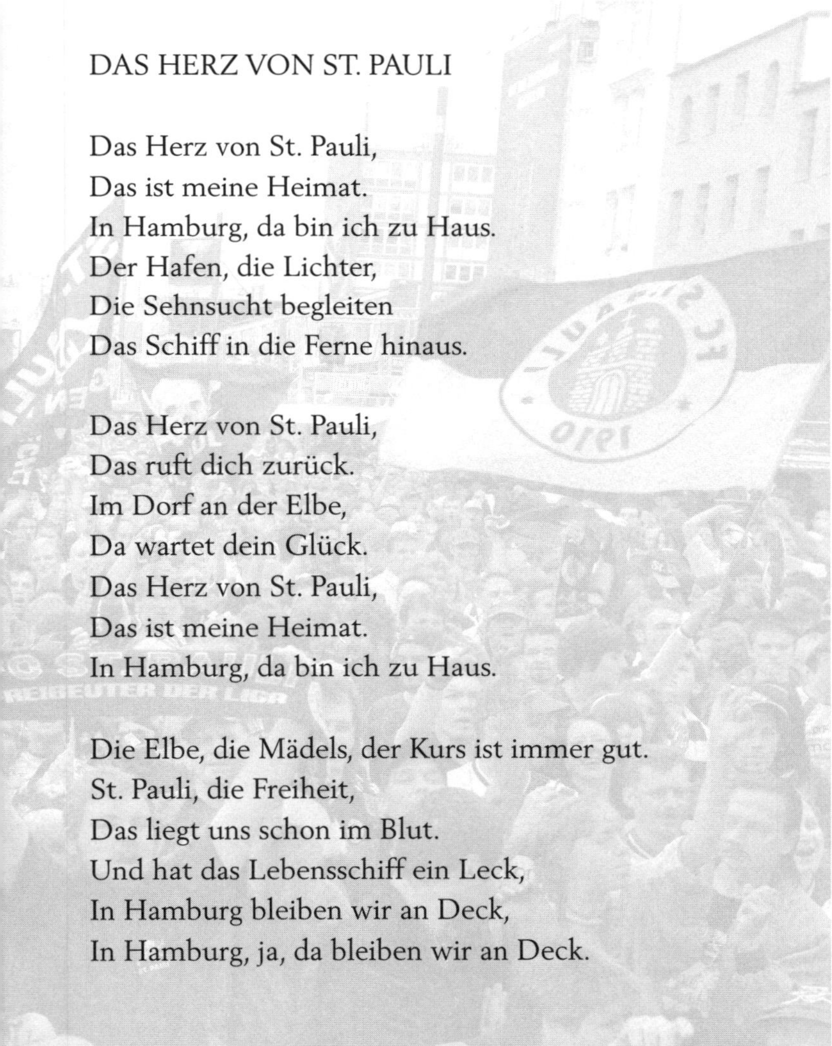

DAS HERZ VON ST. PAULI

Das Herz von St. Pauli,
Das ist meine Heimat.
In Hamburg, da bin ich zu Haus.
Der Hafen, die Lichter,
Die Sehnsucht begleiten
Das Schiff in die Ferne hinaus.

Das Herz von St. Pauli,
Das ruft dich zurück.
Im Dorf an der Elbe,
Da wartet dein Glück.
Das Herz von St. Pauli,
Das ist meine Heimat.
In Hamburg, da bin ich zu Haus.

Die Elbe, die Mädels, der Kurs ist immer gut.
St. Pauli, die Freiheit,
Das liegt uns schon im Blut.
Und hat das Lebensschiff ein Leck,
In Hamburg bleiben wir an Deck,
In Hamburg, ja, da bleiben wir an Deck.

Fanlied des FC St. Pauli
Musik: Herbert Trantow
Text: Hanns Stani
Gesang: Hans Albers

Bibliografische Information der Deutschen Bibliothek:
Die Deutsche Bibliothek verzeichnet diese Publikation in
der Deutschen Nationalbibliografie; detaillierte bibliografische Daten
sind im Internet über http://dnb.ddb.de abrufbar.

Lotzestraße 24a, D-37083 Göttingen
www.werkstatt-verlag.de

Satz und Gestaltung: Verlag Die Werkstatt
Druck und Bindung: Clausen & Bosse, Leck

ISBN 978-3-89533-595-2

Inhalt

KAPITEL 1

Wie alles anfing

Hamburg war immer meine Lieblingsstadt, schon in Kindheitstagen. Im sechsten Schuljahr hatte ich ein Hörspiel geschrieben, das auf der Reeperbahn spielte. Nach einem damaligen Schlager gab ich ihm den Titel: »Ein Ring mit zwei blutroten Steinen«.

Mein Deutschlehrer nahm es auf Tonband auf, dabei mussten einzelne aus der Klasse die verschiedenen Rollen sprechen.

Als Zehnjähriger war ich zum ersten Mal in Hamburg gewesen, auf der Durchreise in ein Zeltlager des Kreises Biedenkopf, das in Holnis an der Ostsee lag. Der Bus hatte frühmorgens am Hafen gehalten. Wir konnten die Barkassen sehen, mit denen die Hafenarbeiter zu den Werften übersetzten. Ich hatte als kleiner Junge die Vorstellung, dass gleich bei Hamburg das Meer beginne. Die Wellen schwappten über die Kaimauer. Über den Kränen und großen Schiffen riss der Himmel auf, und die Sonne beschien die Schuppendächer, die sich im Wasser der Elbe spiegelten. In der Luft lag ein Geruch von salzigem Wasser, von Öl, Benzin und Teer. Eine große Sehnsucht nach Weite, Ferne und Abenteuer erfasste mich. Danach war der Bus über die Reeperbahn gefahren, und barbusige Reklamepuppen und Leuchtreklamen der Bars und

Etablissements hatten grellrot im Morgenlicht geglitzert. Ich dachte mir, dass das Leben hier interessanter sein müsste als in meinem hessischen Hinterland.

Hinterland, so nennt man den ehemaligen Kreis Biedenkopf im früheren Regierungsbezirk Darmstadt. Weil er so weitab vom Schuss liegt. Damals wusste ich noch nicht, dass die streng religiösen Hutterer in den Vereinigten Staaten glauben, dass in Hamburg auf St. Pauli das Tor zur Hölle liegt. Das Stadion am Millerntor werden sie allerdings nie kennengelernt haben. Mein Vater war derjenige, der meine Fußballbegeisterung auslöste. Ich ging noch nicht zur Schule, da schleppte er mich schon mit zu den Heimspielen des SV Eckelshausen am Lahnsportplatz. Und zu den Auswärtsspielen nahm er mich auch mit. Eckelshausen ist ein 800-Seelen-Dorf an der oberen Lahn im ehemaligen Kreis Biedenkopf, und Eckelshausen ist ein Fußballdorf. Alle Gegner in der damaligen Bezirksklasse kamen aus größeren Orten wie Breidenbach, Gladenbach oder Städten wie Alsfeld, Marburg, Stadtallendorf und Kirchhain.

Die Schwarz-Gelben vom SVE waren eine Heimmannschaft, und das Geläuf an der Lahn wurde von allen Gegnern gefürchtet. Die Fußballhelden meiner Kindheit hießen Hermann Fischbach und Helmut Dersch, und ihre Namen waren jedem Fußballkenner im Umkreis von Biedenkopf und Marburg ein Begriff. So wie der Schriftsteller Walter Jens von sich sagt, er könne die Mannschaft des Eimsbütteler TV noch im Schlaf herunterbeten, sind mir die SVE-Spieler der damaligen Jahre in Erinnerung geblieben. Bei einem Spiel gegen den FSV Ockershausen, einem Stadtteilverein von Marburg, wurde Hermann Fischbach zu Unrecht vom Platz gestellt, und in der Folge des entstandenen Tumultes ein weiterer Spieler unserer Schwarz-Gelben.

Ich wäre gerne geblieben, um zu sehen, welcher unserer Spieler oder Fans bereit war, bis zum Äußersten zu gehen, um unsere Interessen mit den Fäusten zu sichern, aber mein Vater zog es vor, mich in Sicherheit zu bringen. Mein Vater war ein schweigsamer Zuschauer. Er schrie nicht ins Spiel hinein, er kritisierte nicht. Er freute sich, wenn unser Spiel lief, und er beteiligte sich nicht an der Diskussion über die schwache Leistung eines Einzelspielers. Er selbst hatte nie Fußball gespielt, war aber als Jugendlicher ein talentierter 100-m-Läufer gewesen.

Gesprächiger wurde er allenfalls nach dem Spiel, wenn es um das »Unternehmen Barbarossa« und andere Feldzüge ging. Die Auswärtsfahrten des SVE wurden mit dem Bus absolviert. Die Fahrt kostete 50 Pfennig, für Kinder war sie umsonst. Wenn der Bus nach den Spielen zurück nach Eckelshausen fuhr, dann hatten die meisten der Spieler und Zuschauer einen im Tee. Es wurde gesungen, »3:1 haben wir gewonnen«, ein Lied, in dem die einzelnen Mannschaftsteile vorkamen, auch »Schwarz und Gelb sind unsere Fahnen, die voran uns wehn« und »Im schönsten Wiesengrunde«. Da konnte ich manchmal nur mit Mühe die Tränen zurückhalten, obwohl doch alle so fröhlich waren. So schön war das, und so ergriffen war ich davon. Als kleiner Junge hatte ich ein Ziel vor Augen.

Ich wollte auch einmal das schwarz-gelbe Trikot tragen. Abends vor dem Einschlafen stellte ich mir vor, wie es sein müsste, wenn ich zusammen mit Hermann Fischbach und Helmut Dersch auflaufen und dann auf dem rechten Flügel stürmen würde. Das Lenchen, Magd bei Linne Heinz, sollte meine Fußballbraut sein, und jedes Tor, das ich schießen würde, wäre für sie.

Ein Teil meines Wunsches ist in Erfüllung gegangen. Viele Jahre später war ich Vorstopper des SVE in der Ersten, Tore habe ich in dieser Zeit so gut wie nie geschossen, und das Lenchen war zurück nach Silberg gegangen und längst verheiratet. In meinem Heimatdorf Eckelshausen an der Lahn gab es in den sechziger und siebziger Jahren viele Fans des Hamburger SV. Auch mein Vater gehörte dazu. Seine Lieblingsspieler waren der damalige Torhüter Horst Schnoor und natürlich Uwe Seeler.

Ich wollte nicht sein wie die Leute im Dorf oder wie mein Vater, obwohl ich ihn sehr mochte, und deshalb schlug mein Herz zunächst für die Offenbacher Kickers. Das war der Club meines zehn Jahre älteren Freundes Sepp, den ich bewunderte. Er hatte ein Moped und einen Plattenspieler. Spätestens dann, als es mit den Kickers (»Zehn Waase un an Nigger, des san die Offebacher Kicker«) bergab ging, wechselte ich als Fan zu den Geißböcken vom 1. FC Köln.

Immer aber sah ich auf der Sportseite des »Hinterländer Anzeiger« auch nach dem FC St. Pauli und dessen Tabellenstand, und das genau seit dem Zeitpunkt meines Besuches am Hamburger Hafen.

KAPITEL 2

Mein erstes Spiel am Millerntor

Viele Jahre später führte ich in Hamburg ein Gespräch mit Verlagsleuten, die mich für einen neuen Job einstellen wollten.

Zuvor war ich jahrzehntelang in Buchverlagen tätig gewesen, zuletzt als Marketingleiter in Frankfurt am Main. Ich sollte Geschäftsführer des größten Lesezirkels in Deutschland werden. Lesezirkel? Das kannte ich aus meinem Dorf im hessischen Hinterland. Mein Opa hatte die Mappe jahrzehntelang bezogen. Die Zustellerin war eine Kriegerwitwe, und meine ältere Schwester war mit deren Sohn, einem guten Fußballer, in die Tanzstunde gegangen.

»Einmal Geschäftsführer, immer Geschäftsführer«, hatte mein Cousin Werner mir geraten, vielleicht in der Hoffnung, dass er dann als HSV-Fan gelegentlich mal zu einem Spiel seines Lieblingsclubs kommen könnte. »Und irgendwann merken die schon, dass du dafür zu schade bist, und dann holen sie dich zu Hoffmann und Campe«, hatte er noch hinzugefügt. »Lesezirkel«, meinte ein anderer Zeitgenosse, »das kann nur ein Beerdigungsprojekt sein.« Die Leute vom Verlag gaben sich freundlich und verhalten optimistisch. Die Geschäftsidee sei immer noch zeitgemäß. Nur die Werbemethoden müsse man ändern. Bisher hätten das die falschen Leute gemanagt. Mir trauten sie zu, das auf den richtigen Weg zu bringen. Auf ein Gehalt wollten sich die Herren noch nicht festlegen. Wir vertagten uns auf den nächsten Morgen. Ich beschloss, über die Sache noch einmal in Ruhe nachzudenken. Dazu kam ich aber nicht, weil zufällig am gleichen Abend das Bundesligaspiel des FC St. Pauli gegen den Karlsruher SC am Millerntor stattfand. Das wollte ich mir unbedingt ansehen.

Ich hatte gut gegessen bei den Vertragsverhandlungen im Restaurant »Schmitz« und auch schon zwei, drei Bier getrunken. Deshalb war ich spät dran, als ich mich auf den Weg zum Stadion machte. Begleitet wurde ich von eher untypischen Zuschauern, in der Mehrzahl jungen Leuten mit langen Haaren, Tätowierten, sehr vielen Frauen, die vielleicht gerade von der Reeperbahn kamen. Die meisten Fans schienen bereits leicht angesäuselt zu sein, hatten gute Sprüche drauf, scherzten miteinander, fuchtelten mit Bierdosen durch die Luft, sangen und schwenkten Piratenflaggen. Das Stadion war proppenvoll. Die Zuschauer standen dicht gedrängt und verausgabten sich schon vor Spielbeginn in Sprechgesängen, die ich auf Fußballplätzen noch nie gehört hatte. Als das Spiel angepfiffen wurde, führten die Braun-Weißen den Anstoß aus, der Ball wurde steil über halblinks nach vorn gespielt, und Dirk Zander verwandelte nach sage und schreibe zwölf Sekunden zum 1:0 für den FC St. Pauli. Das war bis zu diesem Zeitpunkt das schnellste Tor seit Bestehen der Bundesliga. Und ich war dabei.

Sofort verwandelte sich das Stadion in ein Tollhaus. Die Zuschauer fielen sich um den Hals, und manche schütteten den Inhalt ihrer Bierbecher über die Vorderleute aus. Jemand reichte mir einen vollen Bierbecher. »Hau wech, Alter«, sagte der Spender zu mir. Ein älterer Mann mit Bauarbeiterhelm, der nur noch wenige Zähne im Mund hatte, riss sich alle Klamotten vom Oberkörper und stand die restlichen 89 Minuten mit freier Brust seinen Mann. Von nun an trampelten die Fans wie verrückt mit beiden Füßen auf die Holzbohlen unterhalb ihrer Sitze. Ich dachte, das Stadion müsse jeden Moment einstürzen. Es dauerte genau vier weitere Minuten, bis Dirk Zander zum 2:0 einschoss. Das Publikum war jetzt ein hin- und herwogender Orkan, und die Braun-Weißen fegten wie ferngesteuerte Irrwische über den Rasen.

Man verstand sein eigenes Wort nicht mehr. Publikum und Spieler waren in einer ekstatischen Stimmung, die ich in dieser Form noch nie bei einem Fußballspiel erlebt hatte. Dabei hatte ich bis zu diesem Zeitpunkt den größten Teil meiner Freizeit auf dem Fußballplatz verbracht. Als Schüler begann ich in der C-Jugendmannschaft meines Dorfvereins, des SV Eckelshausen, kam dann über die B- und A-Jugend in die erste Mannschaft. Im Laufe meines Lebens hatte ich bei fünf Vereinen gespielt, in der Jugend als Rechtsaußen und Mittelstürmer, als erwachsener Spieler als Vorstopper und letzter Mann, bis ein Kreuzbandriss meiner mittelmäßigen Fußballer-Karriere beim traditionsreichen BFC Südring in Berlin-Kreuzberg ein abruptes Ende setzte. Immerhin mehr als 300 Seniorenspiele hatte ich auf dem Buckel. Während wir im hessischen Hinterland vor 100 Zuschauern spielten, waren es in Berlin allenfalls die Hälfte gewesen. Neben den Spielen zählte ich auch die Zeit, die trainiert wurde. Und dazu die unzähligen Stunden, die ich als Zuschauer auf Fußballplätzen und in Stadien oder vor dem Fernseher verbracht hatte. Alles in allem kam ich zum damaligen Zeitpunkt auf eine rechnerisch aneinandergereihte Lebenszeit von knapp zwei Jahren, die ich mich Tag und Nacht ausschließlich mit Fußball beschäftigt hatte. Über Fußball glaubte ich, fast alles gelesen zu haben, jede Spieler-Biografie, die in deutscher Sprache erschienen war, immer montags und donnerstags den »Kicker«, hatte Fußball-Alben und Weltmeisterschafts-Bildbände gesammelt.

Ich war am Bieberer Berg in Offenbach gewesen und bei der Eintracht, im Stadion des VfL Marburg an der Gisselberger Straße, beim VfL Bochum im Ruhrstadion, im Düsseldorfer Rheinstadion und im Stadion Rote Erde. Im Poststadion von Wacker 04 hatte ich selbst gespielt, und zugeschaut im Berliner Olympiastadion, im Duisburger Wedaustadion und im Müngersdorfer Stadion des 1. FC Köln.

Nach einer Halbzeit am Millerntor war klar, dass das, was hier abging, alles in den Schatten stellte, was ich je zuvor beim Fußball erlebt hatte. Es war nun auch scheinbar völlig egal, was sich auf dem Rasen abspielte. Aus dem

Fußballspiel war ein Freudenfest, ein Volksfest geworden. Unablässig und wuchtig tönten die Schlacht- und Freudengesänge durch die Arena, so als seien nicht zwanzigtausend, sondern zweihunderttausend Zuschauer in diesem viel zu klein geratenen Hexenkessel vereint.

Piratenflaggen, Fahnen mit dem Porträt Che Guevaras wurden so wild geschwenkt, dass man dem Spielverlauf nur noch gelegentlich folgen konnte. Über allem schwebte eine Art orgiastisches Glücksgefühl.

Immer holte irgendjemand Bier, und immer bekam ich ein Bier ab. Schließlich holte ich auch so viele Biere, wie ich tragen konnte, und verteilte sie an diejenigen, die gerade keines hatten. Vor den Toiletten, von denen es unübersehbar zu wenige gab, standen lange Schlangen. Deshalb erleichterten sich fortwährend irgendwelche Gestalten am Stadionzaun. Nach dem Abpfiff blieben die Zuschauer noch mindestens eine dritte Halbzeit im Stadion, um die Mannschaft zu feiern und zu verabschieden. Und ich auch.

Beim Verlassen des Stadions betrachtete ich mir die verrostete Stahlkonstruktion, auf der die Holzbohlen befestigt waren. Es schien mir wie ein Wunder, dass das Stadion dieses wilde Schauspiel unbeschadet überstanden hatte. Ich saß anschließend wie gerädert und nass geschwitzt in der Hotelbar, unfähig, das Geschehene zu begreifen. Bis zu diesem Abend kannte ich kaum einen der Spieler des FC St. Pauli mit Namen. Von »Eisen-Dieter« Schlindwein wusste ich, dass er mal bei der Frankfurter Eintracht gespielt hatte. Da hatte er sich allerdings kaum als Ballartist hervorgetan, und hier am Millerntor, heute Abend, auch nicht. Aber nun wusste ich auch um Trulsen, Thomforde, Golke und den überragenden Zander.

Ohne weiter nachzudenken, beschloss ich, den Vertrag am nächsten Morgen am Harvestehuder Weg zu unterschreiben. Und mir eine Dauerkarte am Millerntor zu besorgen.

KAPITEL 3

In Hamburg

Von nun an pilgerte ich regelmäßig zu den Heimspielen des FC St. Pauli. Da ich mich zunächst auf meinen neuen Job konzentrieren musste, konnte ich zu Auswärtsspielen noch nicht mitfahren. An solchen Tagen ging ich hin und wieder mit meinem jüngeren Sohn Henning zum Hamburger SV, sozusagen stellvertretend für meinen Vater und den Cousin Werner. Das Volksparkstadion war bereits vor seinem Umbau ein Gegenentwurf zum maroden, klassischen Fußballstadion des FC St. Pauli oder der alten, abgerissenen Arena des HSV am Rothenbaum, wo die Zuschauer hautnah am Ball und am Geschehen beteiligt waren.

Nach dem Umbau wurde das Volksparkstadion in AOL-Arena umbenannt, weil die AOL den HSV sponserte. Inzwischen nennen sie es HSH Nordbank-Arena. Für die Fans des FC St. Pauli ist es das Stadion an der Müllverbrennungsanlage in »St. Ellingen« (Stellingen ist ein Stadtteil von Hamburg), wo der »Club aus Norderstedt« spielt (weil Teile der vereinseigenen Immobilien des HSV und einzelne Trainingsplätze in Norderstedt liegen).

Aus Sicherheitsgründen musste der FC St. Pauli in den letzten Jahren verschiedene Heimspiele im Stadion des HSV austragen. Nicht wenige Pauli-Fans meiden das HSV-Stadion, weil sie dort als »Zecke« oder »Arschgesicht« begrüßt werden. »Ihr seid Scheiße« ist dann auch das Lieblingslied der Nordkurve in der Betonhochburg, in die im Herbst und Winter der kalte Wind von der See die steilen Tribünen hinauf- und hinunterfegt. Im HSV-Stadion kann man sehr alleine sein. Die HSVer neigen nicht dazu, Gäste anderer Vereine oder neutrale Zuschauer im Handstreich zu vereinnahmen.

Die unterschiedlichen Fan-Gruppen des FC St. Pauli und des Hamburger SV verbindet eine seit vielen Jahren anhaltende, gegenseitige Abneigung. Ein letztes »Glanzlicht« setzte das Transparent »Aus Hass wurde Mitleid«, das darauf anspielte, dass der FC St. Pauli inzwischen in der dritten Liga gelandet war und nun gegen die zweite Mannschaft der Rothosen antreten musste.

In der Saison 1991/92 jedoch, in der Spielzeit, in der ich den siegreichen Auftritt des FC St. Pauli gegen den KSC gesehen hatte, war der FC St. Pauli auf dem 16. Tabellenplatz der Bundesliga gelandet. Deshalb kam es nach damaliger Regelung zu drei Relegationsspielen gegen den Zweitligisten Stuttgarter Kickers. Nach zweimaligem Remis wurde das Entscheidungsspiel in Gelsenkirchen ausgetragen. 15.000 Fans des FC St. Pauli waren nach Schalke gefahren. Die Männer vom Degerloch gewannen 3:1, und der FC St. Pauli war abgestiegen.

Ich hatte mir das Spiel im Autoradio angehört, auf der Rückfahrt von einem Geschäftstermin in Frankfurt am Main. Während der Fahrt hatte es unablässig geregnet.

Fast leidenschaftslos hatte der Reporter die Bemühungen der Braun-Weißen geschildert, dem Spiel eine Wende zu geben. Ich war deprimiert und fühlte mich, als stünde mir eine schwere Grippe bevor. Doch ich wurde nicht krank. Vielmehr überschattete eine bleierne Trauer in den nächsten Tagen den Alltag zu Hause und im Beruf.

Mein Dauerkarten-Sitzplatz war auch in der kommenden Zweitligasaison auf den Holzbänken, links vom Bonzenblock. Die Gegner hießen nun nicht mehr Bayern München oder Werder Bremen, sondern VfB Oldenburg, SV Meppen, Eintracht Braunschweig oder Fortuna Köln. Die Zuschauerzahl sank deutlich unter die 15.000er Grenze.

Damals ging ich noch allein zum Millerntor. Eine Stunde vor dem Spiel war ich im Stadion, aß erst einmal eine Currywurst und trank ein Bier dazu. Wenn sich das Stadion wie in Zeitlupe füllte, während die Mannschaften sich warmmachten, war das für mich die schönste Stunde des Tages. Von meinem Platz aus konnte ich hinter den Bäumen am Heiligengeistfeld die grüne Haube des Michels sehen und die golden bemalten Zeiger der Turmuhr. Exakt eine halbe Stunde vor Spielbeginn traf mein rechter Banknachbar Hans ein. Er war 83 Jahre alt und hatte früher selbst für den FC St. Pauli gespielt. Seine Frau war schon vor Jahren gestorben. Nach ein paar Heimspielen kannte ich seine ganze Lebensgeschichte. Der größte Wunsch von Hans war, dass der FC St. Pauli wieder in die 1. Bundesliga aufsteigen würde. »Dann können sie mich mit den Füßen zuerst hier raustragen«, sagte er. Der FC St. Pauli stieg tatsächlich wieder auf, aber erst in der Saison 1994/95. Das hat Hans nicht mehr miterlebt.

Am 18. Juni 1995 empfing der FC St. Pauli den FC Homburg zum letzten Saisonspiel am Millerntor. Wir benötigten einen Punkt, um den Aufstieg klarzumachen. In der 84. Minute stand es 5:0 für St. Pauli. Unmittelbar vor dem Abpfiff gab der Schiedsrichter einen Elfmeter für uns. Die Zuschauer dachten jedoch, das Spiel sei zu Ende, und stürmten zu Tausenden den Platz. Das Spiel konnte nicht fortgesetzt werden, denn die Spieler hatten fluchtartig den Rasen verlassen, um sich vor den jubelnden Fans in Sicherheit zu bringen. Der Stadionsprecher forderte die Fans vergeblich auf, das Spielfeld zu räumen. Mir stockte der Atem. Ich befürchtete, dass das Spiel abgebrochen und für uns als verloren gewertet würde.

Es dauerte Minuten, bis bekannt gegeben wurde, dass das Spiel tatsächlich zu Ende war und der Schiedsrichter keinen Elfmeter gegeben hatte. Mir fiel ein Stein vom Herzen. Was für eine weise Entscheidung dieser Schiedsrichter, Herr Brandt-Chollè, getroffen hatte! Ihm gebührt ein Platz im Schiedsrichterhimmel.

Am ersten Spieltag der folgenden Saison stand der FC St. Pauli nach einem 4:2-Sieg gegen den TSV 1860 München auf dem ersten Platz in der Bundesliga. Dort hatte er zuvor noch nie gestanden, und danach meines Wissens auch nicht mehr. Deshalb habe ich mir den Ausschnitt der Tabelle aus dem »Kicker« auch aufgehoben.

KAPITEL 4

Der Fußball, die Gesellschaft und der FC St. Pauli

Wieso habe ich mein Herz an den Fußball verloren? Wieso bin ich und sind meine Söhne Fans des FC St. Pauli geworden?

Die Menschen in meinem Geburtsort Eckelshausen an der Lahn waren, wie in den meisten anderen Orten Deutschlands und vielleicht auf dem ganzen Erdball, in einer deutlichen Mehrzahl Spießbürger. Sie wollten, dass sich die Menschen in ihrem Dorf nach den vertrauten Normen richteten. Eine Scheidung? Die Katastrophe schlechthin! Ein Kommunist? Ab nach drüben! Nichts arbeiten, nur faulenzen? Ins Arbeitslager! Beatmusik? Negermusik! Minirockträgerinnen? Nutten!

Die Lehrerinnen und Lehrer an der Gladenbacher Freiherr-vom-Stein-Schule, in die ich ging, hielten, von wenigen Ausnahmen abgesehen, jeden Langhaarigen für ein verkommenes Subjekt, einen Gammler. Trotzdem wählten in den meisten Gemeinden des Hinterlandes mehr als 50 Prozent der Bevölkerung die SPD, was viele freilich nicht daran hinderte, Willy Brandt und Herbert Wehner für Vaterlandsverräter zu halten.

Umso mehr mochte ich die im Dorf, die anders waren: Meinen Jugendtrainer Karl Mohrherr vom FC Kombach, meinen Deutschlehrer Dieter Blume, Berndchen Mohrherr, der dem SDS angehörte, und meine Freunde Dieter, Werner und Siggi, Fußballkameraden und Sympathisanten des demokratischen Sozialismus. Fußball und Linkssein waren für mich eng miteinander verwoben. Ich wusste zu jeder Zeit, welcher Profispieler sich politisch links definierte. Bei Borussia Dortmund gab es eine Reihe ehemaliger Spieler, die Sozialdemokraten waren. Bei Borussia Mönchengladbach engagierten sich mehrere Profis in der Spieler-Gewerkschaft. Paul Breitner gab sich als Mao-Sympathisant. Und Ewald Lienen kandidierte für die Friedensliste.

Mit 16 war ich in die SPD eingetreten. Im Ortsverein der SPD in Eckelshausen herrschte der Muff einer Beamtenpartei, und die Parteimitglieder hatten entsprechende Posten in öffentlichen Institutionen. Es gab auch Arbeiter, das Sagen hatten die jedoch nicht. Ich ergriff Partei für Rudi Dutschke, Benno Ohnesorg und Che Guevara. Das trug nicht zur Begeisterung meiner Genossen bei. Im Fußballverein des Dorfes, dem SVE, spielte Politik keine Rolle. Dort lief ich seit meinem elften Lebensjahr Samstag für Samstag und später sonntags auf. Bei den Vorsitzenden des Vereins und den Trainern stand ich in völlig anderem Ansehen als in der sonstigen Dorfgemeinschaft. Ich lernte, dass Fußball Aufgehobensein und Heimat bedeuten kann, auch wenn man in anderen gesellschaftlichen Zusammenhängen als Einzelgänger und Außenseiter gilt.

Ich war ein Fan der Beatles, wusste, dass sie aus Liverpool stammten, und schloss aus ihren Songtexten, dass sie politisch links standen. England war somit für mich der Hort der Demokratie und Freizügigkeit, und Liverpool hatte ich als Wiege des linken Fußballs ausgemacht, die an der Anfield Road des FC Liverpool stand. Das hinderte mich freilich nicht, vor Wut in Tränen auszubrechen, als der 1. FC Köln 1965 im Europacup der Landesmeister im dritten Spiel gegen die Liverpooler durch Münzwurf ungerechterweise ausschied.

Beim AC Turin gab es den ersten Langhaarigen im Profifußball, Luigi Meroni, einen klassischen, wieselflinken Rechtsaußen, der in den Cup-Spielen gegen den TSV 1860 München zu besichtigen war.

Lange Haare tragen, das bedeutete in den sechziger Jahren, gegen den Strom zu schwimmen, anders zu sein als die schweigende Mehrheit. Ich war links zunächst aus Opposition gegen das Establishment.

Durch meine Lehre im Buchhandel in der Universitätsstadt Marburg bekam ich Kontakt zu SDS-Studenten, Wohngemeinschaften und Antiautoritären unterschiedlichster Fraktionen. Ich blieb aber Sozialdemokrat, und wichtiger als alles andere war mir der Fußball. In den folgenden Jahren brach die linke Bewegung in Westdeutschland auseinander. Den entscheidenden Anteil daran hatte die RAF (Rote Armee Fraktion): Gudrun Ensslin, Ulrike Meinhof und andere glaubten wohl allen Ernstes daran, in der Arbeiterschaft ein Echo und Sympathien für ihre kriminellen Aktionen zu finden. Die RAF mordete ohne Rücksicht auf Unbeteiligte.

Die Zersplitterung der Linken wurde jedoch nicht nur durch den Kriminellen Andreas Baader und seine Gesinnungsgenossen gefördert, sondern auch durch die Unentschlossenheit der linken Intellektuellen, Gewalt eine klare Absage zu erteilen.

Dass sozialistische Gegengewalt in Lateinamerika, in den USA und Afrika gegen die dort praktizierte Ungerechtigkeit, gegen Armut und Hunger anders legitimiert war als die Attentate der RAF in Deutschland, lag schon damals auf der Hand. Aber es wurde in einigen linken Sekten zu wenig differenziert. Dass Teile der Springerpresse und einzelne Politiker der CDU/CSU durch ihre Reaktionen die späteren, schlimmen Entwicklungen nicht verhinderten und dass einzelne Zeitgenossen den »deutschen Herbst« durch die ihnen eigene moralische Verkommenheit und Unaufrichtigkeit mit provoziert hatten, steht für mich bis heute dennoch völlig außer Frage.

Je heimatloser ich politisch wurde, umso stärker stand für mich der Fußball im Mittelpunkt meiner Freizeit. Fußball war für mich immer mit einer Gemeinschaft verbunden, in der in einer kleinen, überschaubaren Gruppe Ehrlichkeit, Moral und Solidarität praktiziert werden können. Im Laufe der Jahre war nicht mehr zu übersehen, dass der Fußball sich den allgemeinen gesellschaftlichen Entwicklungen nicht verschließen kann und dass auch hier mehr und mehr die Gesetze des »Marktes« und des Geldes gelten. Die Zeiten gewachsener Mannschaften waren Anfang der achtziger Jahre vorbei. Jedenfalls im bezahlten Fußball.

Der FC St. Pauli ist für viele seiner Fans und auch für mich der Club, in dem die alten Tugenden des Fußballspiels erhalten geblieben sind. Während der Fußball in der Mehrzahl der Proficlubs seine Seele längst verloren hat, liegt der Zauber des Fußballs am Millerntor darin, dass das Spiel in unterschiedliche gesellschaftliche Gruppenprozesse eingebettet ist. Die Zuschauer gehen vor und nach dem Spiel gemeinsam in eine Kneipe. Sie singen und lachen zusammen. Sie trauern gemeinsam über eine Niederlage. Sie teilen im Wesentlichen grundsätzliche Auffassungen darüber, wie sich Menschen in einer sozialen Gemeinschaft zu verhalten haben, sind zu allermeist tolerant und haben ein Herz für die Schwachen. Sie sind weitgehend frei von Aggressionen. Auf St. Pauli ist der Fußball jung geblieben. Am Millerntor gibt es einen unübersehbar hohen Anteil an Zuschauerinnen. Und: Der Fan des FC St. Pauli ist Teil des Vereins. Er wird ernst genommen und respektiert von den Spielern auf dem Rasen. Dennoch ist Fußball für Fans und Spieler am Millerntor vor allem ein Spiel.

Ab etwa 1995 gingen meine beiden Söhne Kai und Henning mit zu den Spielen des FC St. Pauli. Henning war mitgekommen, weil sein großer Bruder ihm von der Stimmung am Millerntor erzählt hatte.

Sie fuhren damals, noch im Gegensatz zu mir, auch mit zu den Auswärtsspielen, meistens mit dem Fan-Sonderzug, der in Altona eingesetzt wurde. Bepackt mit Aldi-Dosenbier, bezogen sie ihr Abteil. Hinterher erzählten sie mir dann ihre Erlebnisse. Während einer Zugfahrt war mehrfach die Notbremse gezogen worden, und in Hannover hatte der Zugführer per Lautsprecher angekündigt, dass »bei nochmaligem Ziehen der Notbremse ohne Anlass« die Fanfahrt ein jähes Ende finden würde. Am Spielort angekommen, wurden die Fans des FC St. Pauli häufig von einer Polizeieskorte zum Stadion begleitet. Wie eine Sträflingskolonne marschierten die Fans der Braun-Weißen vom Hauptbahnhof zur U- oder S-Bahn.

Bei einem Spiel gegen den TSV 1860 München musste Henning seine Piratenflagge beim Sicherheitsdienst gegen eine Aufbewahrungsgebühr von fünf DM abgeben. Das Symbol des Totenkopfes stelle in Bayern eine Gotteslästerung dar, hatte der Security-Mann gesagt. Nun, so Henning, werde er nie mehr nach Bayern fahren, das sei ein Polizeistaat. Immer, wenn ich Kai und Henning nachts am Fanzug in Altona abholte, waren sie, wie ihre Mitstreiter, schwer gezeichnet. Und meistens hatten sie neben einem kleinen Rausch auch noch eine Niederlage im Gepäck. Beide sagten mir auf einer Heimfahrt, dass sie nie mehr aus Norddeutschland wegziehen würden, solange es den FC St. Pauli noch gäbe. Kai und Henning sind zutiefst deprimiert, wenn wir verloren haben. Dann überspielen sie ihre Niedergeschlagenheit und machen Scherze über einzelne, kuriose Situationen des Spiels oder den Auftritt des Schiedsrichters.

Vor den Spielen, wenn wir mit Ali, Jens, Günter und Helmut im »Shamrock« sitzen, einem irischen Pub im Schanzenviertel, geben sie sich cool und siegessicher. Wir lenken uns ab und sprechen über andere Themen. Die besten Gespräche mit meinen Söhnen habe ich vor und nach den Spielen des FC St. Pauli gehabt.

Immer, wenn wir vor oder nach den Spielen zusammensitzen, empfinde ich eine große Nähe zu meinen Söhnen. Es ist kein Zufall, dass wir gemeinsam Fans des FC St. Pauli sind.

KAPITEL 5

Unterwegs für Braun-Weiß

Ab Ende der neunziger Jahre fuhr auch ich, wenn meine Zeit es zuließ, zu Auswärtsspielen, manchmal allein, seltener mit dem Zug und Kumpels aus der Clique. Nach Cottbus war außer ein paar Versprengten und mir kein anderer braun-weißer Fan mitgekommen. Die Gästekurve des Energiestadions blieb leer. Die Fanclubs des FC St. Pauli hatten verabredet, nicht mehr in ein Stadion zu gehen, in dem Spieler mit schwarzer Hautfarbe mit Bananen beworfen wurden. Mir kam es vor, als sei ich der einzige Fan des FC St. Pauli an der polnischen Grenze. Deshalb gab ich mich auch nicht durch Schal oder Mütze als Paulianer zu erkennen.

Als Marcus Marin nach knapp zehn Minuten einen Knaller ans Außennetz setzte, hatte ich den Ball im Tor gesehen und versehentlich, trotz aller Vorsichtsmaßnahmen, »Tor« gebrüllt. Nun haute mir ein Cottbuser Gewalttäter seine Eisenfaust ins Kreuz und brüllte: »Du Zuhälter sitzt im falschen Block!« Und ein anderer Zuschauer fügte trocken hinzu: »Und blind ist er auch noch.« Es wächst eben zusammen, was zusammengehört, das hat Willy Brandt ganz richtig eingeschätzt, und auf dem Weg dahin kann man schon mal mit einem Zuhälter verwechselt werden. Wir verloren das Spiel in Cottbus, unglücklich, wie so oft.

Auf dem Parkplatz am Cottbuser Stadion fand ich dann mein Auto mit einer riesigen Delle vor. Das Kennzeichen hatte mich als »Wessi« und Hamburger verraten, und das war wohl für einen meiner östlichen Landsleute Grund genug, gegen das Blech zu treten.

Da ging es im Westen doch freundlicher zu. Zur Bielefelder Alm war ich mit dem Auto angereist. Am Parkplatz sah ich, wie meine Leidensgenossen in der üblichen Polizeibegleitung ins Stadion geführt wurden. Doch die Polizisten scherzten mit den Fans und fragten sich wohl selbst, welche Verwaltungshengste sich solche Maßnahmen ausdachten. Als wir die Stehplätze eingenommen hatten, setzte sich ein junger Mann mit einem Megafon auf den Stadionzaun und gab die Sprechgesänge vor, in die alle anderen dann lautstark einfielen. Mir kam es vor, als sei ich der älteste aller anwesenden Fans.

Nach Leverkusen fuhr ich mit Eberhard Hüffner im Auto; unterwegs standen wir stundenlang im Stau und befürchteten, nicht rechtzeitig anzukommen. In der Chemiestadt hatte man, wie üblich, die rund 2.000 Fans des FC St. Pauli in einer Kurve des Stadions zusammengepfercht. Sie machten mehr Stimmung als die restlichen 19.000 im ausverkauften Rund, obwohl die Millionentruppe des Bayer-Konzerns fast 90 Minuten nur an unserem Sechzehner herumstocherte.

In der Halbzeit boten uns Jugendliche etwas zu rauchen an: »Ey, Alter, willste auch 'n Joint?« Neben einem voluminösen Rainer Calmund sahen wir den schlanken, aber ergrauten Rudi Völler im Ehrensessel sitzen. Sie verfolgten den erbärmlichen Grottenkick ihrer Stars gegen die elf Aufrechten aus dem Armenhaus der Bundesliga, der vom Leverkusener Anhang leidenschaftslos mit weitgehendem Schweigen quittiert wurde. Währenddessen feierten die Anhänger des FC St. Pauli ein Fest, dass das Bayer-Stadion in seinen Grundfesten erzittern ließ. Haschisch-Schwaden zogen über die Köpfe des braun-weißen Anhangs in den benachbarten Block und waberten bis aufs Spielfeld. Ob »Tante Käthe« sich manchmal an die guten, alten Zeiten auf dem Bieberer Berg erinnert?

In Dortmund spielte der FC St. Pauli gegen die zweite Mannschaft des BVB, aus Sicherheitsgründen im großen Westfalenstadion. Das Spiel war schon einmal abgesagt und verlegt worden. In die riesige Betonarena waren etwa 2.000 Zuschauer gekommen, davon mindestens 1.500 Fans des FC St. Pauli.

Die Sicherheitskräfte dort waren zahlenmäßig gleichauf. Wer so aussieht wie ein Fan des FC St. Pauli, den muss man im Auge behalten. Doch anders als in den Stadien der neuen Bundesländer waren die Sicherheitsleute ausnehmend höflich und freundlich und zeigten unverhohlen ihre Sympathie für den braun-weißen Anhang. Der machte dann in diesem riesigen, menschenleeren Stadion einen Radau, als sei jeder Platz besetzt. Die Schlachtrufe hallten von den leeren Rängen und Betonwänden zurück, – es war eine gespenstische Veranstaltung.

Von meinem Freund und Geschäftspartner Michael wurde ich Jahre später zum Spiel des FC Bayern gegen Real Madrid in die Allianz-Arena eingeladen. Aus der Ferne wirkte das Stadion wie ein überdimensionaler, versilberter Autoreifen. An der Windschutzscheibe des großen Mercedes meines Freundes prangte der Parkschein »Very Important Person«. Ohne weitere Kontrolle wurden wir von den Security-Leuten durchgewunken, so als sei ich ein Staatspräsident und Michael mein Fahrer. Die Limousine fuhr bis in den Bauch des Stadions, und ein Mann im schwarzen Anzug öffnete mir die Wagentüre. Über mehrere Rolltreppen gelangten wir unmittelbar bis zu den Flügeltüren eines noblen Restaurants, wo uns Schönheitsköniginnen in auf die Haut geschnittenen Kostümen begrüßten.

Wir nahmen unsere Plätze an einem mit weißem Tuch und silbernem Besteck gedeckten Tisch ein. Die Kellnerin kam, begrüßte Michael mit Namen und nahm die Getränke auf. Hinter vorgehaltener Hand erzählte mir Michael, wer unsere Tischnachbarn sein würden, ein Chefarzt einer Münchener Privatklinik, ein Mercedes-Händler einer Niederlassung aus dem Münchener Umland nebst Gattin, ein Filmschauspieler und ein Aufsichtsratsvorsitzender mit seinem Sohn. Durch die geöffneten Türen, die hinaus zu den Business-Seats führten, drang Musik herein. Im Stadion spielten sie »Football is coming home«. Ich dachte, dass ich auf der falschen Veranstaltung sei, und bekam plötzlich Heimweh nach St. Pauli.

Ich erinnerte mich an die Stadionrunde, die Uli Hoeneß beim legendären Retter-Spiel des FC Bayern am Millerntor in einem Retter-T-Shirt des FC St. Pauli gelaufen war. Der FC Bayern hatte damals seinen Beitrag dazu geleistet, eine Insolvenz des FC St. Pauli abzuwenden. Das stimmte mich milder, und ein wenig schämte ich mich auch dafür, dass Uli, der Gnadenlose, bei vorherigen Spielen am Millerntor von den Zuschauern auf der Gegengerade mit Pfennigen beworfen worden war.

Und dann begriff ich, wieso der erfolgsorientierte Uli Hoeneß wie so viele andere ehemalige Profis ein Herz für die Mannschaft vom Millerntor hat. Wo immer der Fußball ausschließlich durch die Macht des Geldes gestaltet wird, verliert er seine Wurzeln. Fußball ist seit einem Jahrhundert der Sport der einfachen Leute. Die Zuschauer früher waren in der Mehrzahl Arbeiter und kleine Angestellte. Die Eintrittskarten waren für jedermann erschwinglich. Es ging um ehrlichen Fußball, nichts sonst.

Business-Seats in vielen Stadien der ersten und zweiten Liga kosten mehrere tausend Euro für eine Saison. Man kann sie auch im Block und gleich für mehrere Jahre kaufen. Für vier Karten auf drei Jahre zahlen Geschäftsleute bis zu 30.000 Euro. Freies Essen und Trinken sind darin enthalten.

Doch kein Mensch, der den Fußball liebt, muss vor oder nach dem Spiel kulinarische Köstlichkeiten vom Büfett schlemmen oder Champagner trinken. Wer ein Herz für den Fußball hat, sieht das Spiel lieber im Stadion als auf dem Großbildschirm in seiner Loge. Fußball war für diejenigen, die ihn lieben, immer ein klassenloser Sport, in dem auf dem Spielfeld und auf den Rängen der gesellschaftliche Status keine Rolle spielte. Wie lebendig kann der »Focus«-Chefredakteur und Aufsichtsrat des FC Bayern, Helmut Markwort, von den Spielen seiner Darmstädter Lilien (SV Darmstadt 98) am Böllenfalltor erzählen, und wie fremd wirkt er, wenn er heute im Stadion des FC Bayern in einem Business-Seat sitzt.

Freudenfeste des traditionellen Fußballs habe ich auch an der Sternschanze erlebt, wenn dort die zweite Mannschaft des FC St. Pauli die Teams von Bergedorf 85 oder Altona 93 empfing. Mindestens so gut war die Stimmung, wenn es aufs Land ging, hinüber zu Raspo Elmshorn oder dem VfR Neumünster. Da bin ich mit dem Rad hingefahren, frühmorgens ging es los, wenn es noch nicht zu heiß war, so wie einst in der Kindheit, als ich mit dem Rad nach Friedensorf, Buchenau, Dautphe, Wallau oder Holzhausen fuhr. Nun allerdings betrug die Strecke hin und zurück 70 oder 80 Kilometer und mehr. Ich war nicht mehr 13, sondern weit über die 50.

Auf den Fahrten zum Spiel trug mich der Glaube an den Sieg. Ich fühlte mich wie in den besten Jahren, als ich mich noch als möglicher Nachfolger von Hennes Junkermann wähnte, wenn ich in immer neuer Rekordzeit zum Biedenkopfer Schwimmbad gerast war.

Eine der Heimfahrten von Neumünster nach Henstedt geriet zu einem Desaster. Beim VfR hatten wir mit Ach und Krach gewonnen. Hinter Trappenkamp wollte ich eine Abkürzung nehmen und verfuhr mich in einem Moorgebiet. Da stand ich nun mit meinem Rennrad ohne Licht im Finstern. Aber ich hatte das Handy dabei, und selbst in dieser wüsten Gegend gab es ein Amt. Ich rief Kai an, und der holte mich dann mit dem Auto abends gegen 20 Uhr ab.

KAPITEL 6

Spiele am Handy

An den Spieltagen, an denen ich nicht dabei sein kann, weil wir ein weit von Hamburg entferntes Auswärtsspiel haben oder weil ich aus geschäftlichen Gründen verhindert bin, steht mein Tagesablauf dennoch ganz im Zeichen des bevorstehenden Spiels.

Ich dusche mich am Morgen des Spieltags mit dem Duschgel »Wir waschen uns nie«, das ich im Fanshop am Millerntor-Stadion in größerer Stückzahl erworben habe. Es ist erfrischend und riecht ziemlich animalisch. Es wäre schön, wenn unsere Spieler dieses Ritual genauso praktizieren würden, denn natürlich wünsche ich mir, dass unsere braun-weißen Jungs wie eine Herde wilder Büffel auf den Gegner losgehen werden und 90 Minuten den Sechzehner unseres Kontrahenten belagern, um mit einem haushohen Sieg nach Hause zu fahren.

Am Spieltag trage ich braune Turnschuhe und das braune T-Shirt mit dem Wappen des FC St. Pauli. Beim Frühstück lese ich in der »Hamburger Morgenpost« die Vorschau auf das Spiel. Ich kaufe die »Mopo« ausschließlich wegen der Berichte über den FC St. Pauli. Nach der »Mopo« lese ich die »taz«, die in der Regel jedoch keine Vorschau auf die Spiele des FC St. Pauli enthält.

Wenn ich nicht in den Verlag muss und das norddeutsche Wetter es zulässt, setze ich mich nach dem Frühstück auf mein Rennrad und strampele durch die holsteinischen Niederungen nördlich von Hamburg, immer in der Hoffnung, dass mich nicht irgendein »Zeckenhasser« von der Strasse mäht, denn mein Pauli-T-Shirt und meine braune Mütze weisen mich als bekennenden Paulianer aus.

Eine Werbung für die Frische unseres jungen, hoffnungsvollen Klubs bin ich freilich nicht. Immer wieder werde ich von anderen Rennradlern im perfekten Outfit mit Sturzhelmen, T-Mobile-Trikots und eng anliegenden Hosen überholt. Es ist schwer zu ertragen, so abgehängt zu werden, doch mit zunehmendem Alter gelingt es mir immer besser, diese Formen der Niederlage wegzustecken.

Ich lenke mich ab, indem ich mich auf den FC St. Pauli konzentriere. Im Kampf mit dem ständigen Wind wünsche ich mir, dass unser Team die Platzwahl gewinnt und in den ersten 45 Minuten mit dem Wind spielen kann und dass der Wind sich in der Halbzeit dreht. Denn wir vom FC St. Pauli brauchen nicht selten die Hilfe des lieben Gottes und anderer Mächte, um unsere meist übermächtigen Gegner, die von multinationalen Sponsoren unterstützt werden, besiegen zu können.

Und wenn es der liebe Gott nicht richtet, dann vielleicht ein ehrenwerter und reicher Förderer, der uns einen Goalgetter schenkt, der in jedem Spiel für ein, zwei Tore gut ist. Irgendwo zwischen Tangstedt und Wilstedt, am

Rande des Duvenstedter Moors oder auf dem Weg von Elmshorn nach Klein-Nordende, wo ich gelegentlich bei solchen Fahrten Freunde aufsuche, um ein Glas Wasser zu trinken und über das Spiel und unsere Chancen zu sprechen, irgendwo dort grübele ich darüber nach, wie es wäre, wenn ich dieser reiche und ehrenwerte Förderer wäre. Was würde ich dann tun?

Niemals würde ich ein neues Stadion bauen lassen. Die gute alte Heimstatt am Millerntor würde ich ein bisschen sanieren, die Plastikstühle erneuern, die Treppenstufen ausbessern, aber im Prinzip den Charakter als Fußballarena erhalten. Wir würden uns ein schöneres Vereinsheim bauen und Duschen und Kabinen unter Denkmalschutz stellen lassen. Alle Spieler, die in den letzten Jahrzehnten für den Verein gekämpft haben und im Herzen St. Paulianer geblieben sind, würden freien Zutritt erhalten.

Bei einem Aufstieg und bei Pokalsiegen gegen höherklassige Mannschaften würde ich Freibier ausschenken lassen. Doch das sind nur Träume. Natürlich habe ich nicht das Geld für solche Wohltaten.

Wenn ich mich die lange Steigung am Kisdorfer Berg hinaufquäle, die für einen Jens Voigt eine Lachnummer wäre, denke ich, dass ich mich nicht hängen lassen darf, dass es eine Niederlage wäre, in einen niedrigeren Gang zu schalten, geschweige denn abzusteigen. Ein Marcel Eger, ein Florian Lechner, ein Fabio Morena, ein Paulianer gibt niemals auf, auch in der größten Not und Bedrängnis nicht. Doch wenn ich dann das Ortsausgangsschild von Kisdorf hinter mir gelassen habe und die restlichen 300 Meter des Anstiegs vor mir sehe, wird mir bewusst, dass ich nicht mit EPO gedopt bin, sondern zu viele Marlboros rauche. Und um nicht vom Rad zu fallen, trete ich kürzer.

An Spieltagen, an denen ich nicht dabei bin, esse ich grundsätzlich mittags nichts. Ich rufe noch mal bei meinem alten Freund Sepp im Hinterland an, damit er nicht vergisst, die Daumen zu drücken. Eine halbe Stunde vor Spielbeginn sehe ich dann unsere Jungs vor mir, wie sie zum Warmmachen eingelaufen sind, umjubelt vom braun-weißen Anhang, meist geschmäht von den gegnerischen Zuschauern. Ich weiß, dass das Team bei Stani und Truller in guten Händen ist, dass sie alles getan haben, um unsere Elf auf das Spiel einzustellen.

Zum Anpfiff stelle ich, wenn ich nicht zu Hause bin, das Handy auf laut. Nummer 82000 benachrichtigt mich, wenn etwas passiert. Dann erscheint auf dem Display: »1 neue Nachricht«. Zwischen Hoffen und Bangen lese ich die SMS. Das ist ein totaler Stress, der in ein Glücksgefühl übergeht, wenn ein Tor für den FC St. Pauli gefallen ist. Fünf Nachrichten von Nr. 82000 pro Spiel sind garantiert.

Nr. 82000 schreibt mir: »Das Spiel läuft gut. Pauli offensiv.« Oder in einer anderen SMS: »Borger verhindert Führungstreffer.« Und nach 90 Minuten: »Pauli verliert in der Nachspielzeit 1:2.« Zwischen diesen kargen Nachrichten kann ich mir dann meine Gedanken machen über das Spiel und die Nr. 82000. Sitzt dort jemand im Gastgeberstadion, der nach eigenem Gutdünken das Spiel in fünf Sätzen kommentiert? Hat man ihm eine Wortbegrenzung auferlegt? Wie viele Abonnenten bedient er? Drückt er, wenn er einen Satz aufgeschrieben hat, die Taste »An alle«? Wieso kommen die Nachrichten immer so spät? Wer überhaupt ist Nummer 82000?

Den Handy-Ergebnisdienst nutze ich nur, wenn ich unterwegs bin. Daheim verfolge ich, weil ich »Premiere« aus grundsätzlichen Überlegungen nicht abonniert habe, die Ergebnisentwicklung über den NDR 3 Videotext. Bei einem torlosen Unentschieden ist das eine mühsame Angelegenheit. Im Videotext erfährt man noch weniger über den Spielverlauf als beim Handy-Ergebnisdienst. Gemeldet werden Mannschaftsaufstellungen, Tore und Karten, sonst nichts. Videotext in der dritten Liga ist ein karges Kommunikations- und Informationsmedium. Dabei wird es nicht nur von mir, sondern von Abertausenden Fans des FC St. Pauli in Deutschland und im europäischen Ausland genutzt. Daher unsere Bitte: Der Videotext muss dringend verbessert werden.

Manchmal gehen mir allerlei gute Vorsätze durch den Kopf, die ich in die Tat umsetzen will, wenn St. Pauli ein schier aussichtsloses Spiel doch noch gewinnen würde. Für drei Punkte bin ich dann bereit, das Rauchen aufzugeben, die Spenden für meine Patenkinder in Ägypten und Bolivien zu erhöhen oder überhaupt ein besserer Mensch zu werden. Weil wir solche Spiele so gut wie nie gewinnen, ist aus mir kein anderer Mensch geworden. Aber das ist vermutlich eine Ausrede, denn selbst dann, wenn wir tatsächlich noch gewannen, vergaß ich im Überschwang meiner Freude, die hehren Vorsätze in die Tat umzusetzen.

Alles ist einfacher, wenn man beim Spiel dabei ist. Freunde lenken ab, man isst und trinkt gemeinsam, redet, jubelt, flucht.

Einen Sieg nach dem Spiel in sich sacken zu lassen, seine Ruhe nach und nach wiederzufinden, das kann man auch dann, wenn man allein ist, auf wundervolle Weise genießen. Niederlagen im Alleinsein zu verarbeiten ist dagegen eine der schlimmsten Formen der Einsamkeit im Leben eines St. Paulianers.

Doch das war schon immer so, auch in jenen Zeiten, in denen ich noch kein Paulianer war, sondern als kleiner Junge hinter der Holzbarriere der Schwarz-Gelben des SVE am Lahnsportplatz stand und alles um mich herum vergaß, wenn unsere Dorfmannschaft gegen die großen Teams aus Marburg, Alsfeld, Gladenbach oder Breidenbach antrat.

Mein Verhalten rund um den Fußball hat sich seit meiner Kindheit kaum verändert. Ich wollte und konnte Niederlagen nicht gut ertragen. Ich suchte die »Schuld« an Niederlagen immer bei anderen, beim Schiedsrichter, einem vermeintlich unfairen Gegner, den unfähigen Vorständen oder Trainern, aber so gut wie nie bei der eigenen Mannschaft. Niederlagen führten dazu, dass ich über einen längeren Zeitraum schlecht gelaunt war, dass ich das Gefühl hatte, es geht bergab mit unserer Gesellschaft, in der Wirtschaft, in der Politik, in der Arbeitswelt, in der Pop-Musik, in der Literatur – und beim Fußball, wo sich alles nur noch um die Kohle dreht.

Ganz anders bei einem Sieg. Wenn wir gewannen, war ich tagelang besoffen vor Glück, plötzlich schien alles möglich, der Aufstieg erreichbar, der nächste Erfolg vorprogrammiert. Das Leben ging leicht, die Welt schien offen für alles, was ich mir ersehnte, ich war stolz auf meinen Verein und darauf, dass ich dazu gehöre, stolz auf jeden Einzelnen unserer Spieler, und im Job gelang mir fast alles.

An meinem Arbeitsplatz, bei Kolleginnen, Kollegen und Geschäftspartnern, sprach sich allmählich herum, dass ich Fan des FC St. Pauli war. Auch die Welt der Hamburger Zeitschriftenverlage teilt sich in Sympathisanten des FC St. Pauli und Anhängern des HSV. Diese beiden Lager sind ziemlich unterschiedlich. Es gibt auf der einen Seite die gnadenlosen Fans des Hamburger SV. Und auf der anderen Seite alle anderen, die mit dem Club am Millerntor mitfiebern und auf den nächsten Sieg der Braun-Weißen hoffen. So habe ich es jedenfalls erlebt, und ich bin überzeugt, dass mir die Leute nichts vormachen, um einfach nur nett zu mir zu sein.

Selbst eingefleischte Golfspieler, Tennisfreaks oder Beach-Volleyballer eröffnen ihre geschäftlichen Verhandlungen mit mir, indem sie mich fragen, wie ich die Situation am Millerntor einschätze. An jedem Standort der dritten und zweiten Liga gibt es Kollegen, die mich zu unseren Auswärtsspielen einladen.

Weil ich so schlecht verlieren kann, nehme ich diese Einladungen meistens nicht an. Mein Seelenleben als Fan des FC St. Pauli möchte ich in solchen Situationen meinen Geschäftspartnern nicht offenbaren und auch nicht zumuten. Mein verbales Verhalten als Zuschauer erinnert stark daran, wie ich mich als Jugendlicher auf dem Platz benommen habe. Ich kann mich beim Fußball nicht verstellen, um einen seriösen Eindruck zu machen. Deshalb verzichte ich lieber. Respekt und Würde muss man sich im Geschäftsleben erhalten, sonst ist alles nichts.

KAPITEL 7

Im Bonzenblock

Gegen Ende der neunziger Jahre wurden die Fans auf den Holzbänken am Millerntor entweder immer fetter, oder die Ränge waren dichter besetzt. Jedenfalls wechselte ich von der harten Holzbank in den benachbarten Bonzenblock mit individuellem Plastiksitz.

Mein Stammplatz war jetzt in Block B2 in der 10. Reihe, gleich neben der Treppe. Ich saß von nun an neben Jens Meyer, der früher einmal Pressesprecher des Verlegers Dr. Hubert Burda gewesen war. Inzwischen arbeitete Jens für unseren Verlag. Zu meiner Clique gehörten auch dessen Sohn Alex und Günter Klempau, ein selbstständiger Anzeigenmanager.

Jens und Günter trafen sich immer vor dem Spiel bei einem Edel-Italiener in St. Georg und speisten dort fürstlich, wobei auch die Getränke nicht zu kurz kamen. Einige Spielzeiten lang kamen sie entweder punktgenau zu Spielbeginn, oder auch, wenn sie eine Niederlage erwarteten, fünf Minuten zu spät. Dann war ich schon eine Stunde im Stadion, weil ich am Millerntor noch immer nichts mehr liebe und genieße als die Zeit vor dem Spiel, wenn sich das Stadion langsam füllt, Rockmusik gespielt wird und ich mir ein erstes Bier plus Currywurst einverleibt habe. Irgendwann nach der Jahrtausendwende war Ali zu uns gestoßen.

Seit 1997 war ich innerhalb der Verlagsgruppe als Geschäftsführer vom Leserkreis Daheim zum Jahreszeiten Verlag gewechselt. Mein Cousin Werner Engelbach hatte indirekt Recht behalten. Allerdings hatte ich, Glück oder Zufall, dem Leserkreis zu neuem Glanz verholfen. Ali, einer meiner zahlreichen Geschäftspartner, verdient seine Brötchen als Großhändler für Zeitungen und Zeitschriften. Manchmal bringt er seine Tochter Hanna mit, die nicht nur zu den hübschesten, sondern, wichtiger noch, zu den nettesten Mädchen in ganz Norddeutschland gehören dürfte. Wir kauften uns von nun an zusammen vier Dauerkarten, und bald war Ali Mitglied unserer FC St. Pauli-Fan-Clique. Seit dieser Zeit treffen wir uns gemeinsam mit Jens, Günter, Helmut, Manfred, Alex, Henning, Kai, Horst und Hanna vor den Heimspielen im »Shamrock« an der Feldstraße.

Das »große Fressen« vor dem Spiel haben Jens und Günter der Clique zuliebe inzwischen eingestellt. Wir sitzen im »Shamrock« und trinken drei kleine oder große Guinness, um uns in Stimmung zu bringen. Ali trägt seine älteste Hose stets ungebügelt und ein Holzfällerhemd, über das er im Winter ein Retter-T-Shirt überstreift, das dann über den Hüften spannt. Jens und Günter ziehen ihre Piratenkappen auf, und ich trage die ausgefranste St.-Pauli-Mütze, mit der wir noch nie verloren haben. Wir sehen aus wie verarmte Rentenempfänger. Wir wetten vor jedem Heimspiel. Im »Shamrock« wird die Wette auf einen Bierdeckel geschrieben. Zu den Teilnahmebedingungen gehört, dass auf Sieg gewettet werden muss. Wir tippen das Ergebnis.

Der Einsatz beträgt zwei Euro. Wenn nach Spielende keiner das richtige Ergebnis getippt hat, bleibt das Geld bis zum nächsten Heimspiel im Pott. So ist Günter, unser Wettkönig, nach einer langen Niederlagenserie einmal mit über 100 Euro nach Hause gegangen. Wer als Erster im »Shamrock« eintrifft, tippt zuerst. Die bevorzugten Tipps sind 1:0 oder 2:0. Man darf kein Ergebnis tippen, das schon ein anderer aus der Clique getippt hat. Ich tippe unsere Siege fast immer zu hoch, stets in der Hoffnung, dass einmal ein Kantersieg eintrifft. Vom »Shamrock« begeben wir uns, je nach Wetterlage, über den staubigen oder matschigen Festplatz des Heiligengeistfeldes zu unserem Eingang. Seit »Presslufthammer-Corny« die Südtribüne vorzeitig einreißen ließ und das »Littmann-Loch« schuf, müssen wir mindestens einen Kilometer um das Stadion herumlaufen, weil am Nordeingang gegenwärtig nur noch Gäste eingelassen werden.

Auf dem Stadion-Vorplatz werden die leeren Bierflaschen an die dort wartenden Flaschensammler abgegeben, die sich das Pfandgeld holen wollen. Vor der Sicherheitskontrolle stehen wir nicht in Reih und Glied, sondern ungeordnet an. Niemand drängelt. Am Kassenhäuschen wird die Plastikkarte geknipst. Dann marschieren wir bei Regen durch riesige Pfützen und Matschepampe zu den Imbiss- und Getränkebuden vor unserem Block an der Haupttribüne.

Die Loge des FC St. Pauli ist ein altes Sofa. Sie ist für jedermann mietbar. Dort kann man sich sein Bier aus einem Fünf-Liter-Fässchen zapfen lassen und das Spiel in trauter Zweisamkeit ansehen. Die Fans auf der Gegengerade und in der Nordkurve hegen eine klammheimliche Verachtung für die Sitzplatzinhaber. Aber es ist eine scherzhafte Abneigung, weil es am Millerntor keine Zweiklassengesellschaft gibt. Auch im Bonzenblock kennen wir uns von Angesicht zu Angesicht. Niemand sagt »Sie« zueinander. Im Bonzenblock sind nicht nur vermeintliche Bonzen anzutreffen, sondern hin und wieder auch echte Promiente. Hans Apel, der ehemalige Bundesminister und Vizepräsident des Vereins, hatte dort jahrelang gemeinsam mit seiner Frau eine Dauerkarte. Heidi Kabel und Udo Lindenberg kamen ans Millerntor. Inzwischen ist Krista Sager von den Grünen Stammgast beim FC St. Pauli. Gelegentlich sieht man auch die Trainer Felix Magath, Bernd Hollerbach oder Frank Neubarth. Und manchmal kommt sogar »Uns Uwe« vom HSV, der von seiner ganzen Art her eigentlich auch ein Paulianer sein könnte.

Wann immer seine Zeit es zulässt, erscheint Klaus Thomforde, unsere Torwartlegende. Eisen-Dieter tritt stets in Jeans und blütenweißem Oberhemd auf. Und immer dabei ist Walter Frosch, einst vom 1. FC Kaiserslautern zum Millerntor gewechselt und inzwischen der Gestalt gewordene FC St. Pauli. Das braune Haar trägt er bis auf die Schultern. Er trinkt sein Bier, raucht wie sonst nur Helmut Schmidt im Fernsehen, nämlich unablässig, spricht mit seinen Freunden über das bevorstehende Spiel, ist schon ganz aufgeregt, lässt es sich aber nicht anmerken.

Nun sind Gegengerade mit »Singing Area« und »Meckerecke« bereits in bester Stimmung. Das Bier auf der Haupttribüne wird seit etwa drei Jahren von einer braunhaarigen jungen Dame serviert. Sie trägt ein St.-Pauli-T-Shirt, einen Minirock und hohe Stiefel, auch im Winter. Da bekommen die Männer im Bonzenblock in ihren Wintermänteln und langen Unterhosen schon vom puren Zusehen eine Gänsehaut. Vor der jetzigen, heißblütigen Kellnerin im Minirock brachte Helena, eine dralle Griechin, das Bier. Inzwischen hat man sie hinter die Theke versetzt.

Als erster Spieler betritt der Torhüter mit dem Ersatzkeeper unter dem Jubel der Zuschauer den Platz. Ein wenig später folgen die Feldspieler. Beim Warmmachen lässt sich erkennen, ob der Torhüter gut drauf ist und sich sicher fühlt. Die Kleidung der Feldspieler verrät, wer von Beginn an spielen wird, weil die Ersatzspieler noch die Trainingshosen anhaben. Bei früheren Trainern machte sich dann regelmäßig ein erster Unmut in mir breit, wenn ich sah, wen Eckhardt Krautzun, der Ahnungslose, oder Feldherr Uli Maslo oder der einzig sieglos gebliebene KP Nemet nicht für die Anfangsformation aufgeboten hatten. Überhaupt hatte ich immer das Gefühl, dass die Trainer des FC St. Pauli allesamt Schüler von Rudi Gutendorf sein müssten, dem ob seiner Defensivstrategie berüchtigten »Riegel-Rudi«. So gut wie nie spielten wir mit drei Spitzen. Das konnte einen zur Verzweiflung treiben.

Wenn die Spieler ihre Hütchenspiele aufnehmen, sagt der Stadionsprecher die Geburtstage durch. Es kommt auch vor, dass Hochzeiten auf dem Rasen angekündigt und versprochen werden. Einmal, als ich ein paar Freunde aus meinem Heimatdorf zum Spiel eingeladen hatte, ließ ich sie durch den Stadionsprecher begrüßen. Der sagte dann: »Wir begrüßen den FC St. Pauli-Fanclub des SV Eckelshausen.« Beim HSV oder FC Bayern München müsste man das wahrscheinlich 14 Tage vorher schriftlich einreichen und 20 Euro dafür bezahlen.

Lange Zeit war »You'll never walk alone« das Fanlied am Millerntor. Als dann unterschiedlichste Vereine das vom FC Liverpool importierte Lied imitierten, wurde das FC St. Pauli-Fanlied gewechselt. Jetzt wird »Das Herz von St. Pauli« gespielt. Wenn unmittelbar vor dem Spiel ein besonders grässliches Lied erklingt, dann kann das nur die Fanhymne des Gastvereins sein.

Der eigentliche Höhepunkt des Spiels am Millerntor ist oft genug nicht das Spiel selbst. Er naht, wenn die Braun-Weißen und ihre Gäste die Kabinen verlassen haben und sich zum Einlaufen an der Eckfahne zwischen (der abgerissenen) Südtribüne und der Gegengerade versammeln. Es läuten die Glocken, doch es sind nicht die vom nahen Hamburger Michel, sondern es sind die »Hellsbells« der Hardrock-Band AC/DC. Das ganze Stadion ist nun ein Fahnenmeer, und die Fans des FC St. Pauli jubeln und toben, als sei die Revolution ausgebrochen.

Der Mann unter der Anzeigetafel hat seinen Platz eingenommen. Er wird die Torfolge anzeigen, indem er die entsprechenden Ziffern und damit den jeweiligen Ergebnisstand mit einer langen Stange an einen Haken sichtbar an der Südtribüne aufhängt.

KAPITEL 8

Warten auf Wunder

Kurz vor dem Anpfiff rücke ich mir meine Mütze zurecht und ziehe den Schal noch einmal glatt. Nie trage ich einen Schal oder eine Mütze ein zweites Mal, wenn ich sie schon einmal bei einer Niederlage dabeihatte. Deshalb kann ich inzwischen einen Secondhandshop mit Fanklamotten aufmachen, obwohl ich in Eckelshausen bereits mindestens 20 Sympathisanten mit T-Shirts, Schals und Mützen ausgerüstet habe.

Ich weiß, dass ich nie optimistisch in ein Spiel gehen darf. Wenn ich zu sorglos und siegessicher bin, dann geht es meistens schief. Folglich rede ich mir ein, dass es heute ganz besonders schwer wird. Und meistens liegt man als Fan des FC St. Pauli damit richtig. Jens Meyer wünscht sich vor jedem Spiel, dass wir nach zehn Minuten 3:0 vorne liegen und uns anschließend keine Sorgen mehr machen müssen. Wir beschließen, dass wir, wenn dieser Fall eintritt, es biermäßig gewaltig krachen lassen. Aber an einen derartig beruhigenden Vorsprung kann ich mich seit langer Zeit nicht erinnern.

Selbst wenn er einträte, dürfte man sich dennoch nicht sicher sein, weil am Millerntor zu jeder Zeit alles möglich ist. Der Barmbeker Gemüsehändler und dessen Frau, die auf Hamburger Wochenmärkten einen fliegenden Stand betreiben und links neben mir sitzen, sind immer pünktlich vor dem Spiel da. Der Gemüsehändler ist ein skeptischer Zeitgenosse, und sein Missmut wächst in dem Maße, in dem das Spiel dauert, ohne dass ein Tor für uns fällt. Seine Frau hat ein gutes Auge und einen erstaunlichen Fußballverstand. Ihre Kommentare kommen trocken. Wenn dann mal ein Tor für den FC St. Pauli fällt, zeigen die beiden ein schüchternes, aber glückseliges Lächeln, die höchste Form der Erregung, die ein gestandener Norddeutscher mimisch ausdrücken kann.

Wo jeder Offenbacher oder Frankfurter Fan »Verfluchte Scheiße« brüllen würde, sagt der Norddeutsche allenfalls: »Das kann doch gor nich angehn.« Während der Gemüsehändler sein Pokerface aufgesetzt hat und seine Frau sich eine erste Zigarette ansteckt, konzentriere ich mich auf den Schiedsrichter und seine Assistenten. Als wir noch in der 1. Bundesliga gespielt haben, verhießen Namen wie Sippel oder Dr. Wack nichts Gutes. Zeitweilig habe ich eine schwarze Liste vermeintlich parteiischer Schiedsrichter geführt. Ich nahm mir vor, dass ich, wenn ich in München oder Kassel vorbeikäme, dort eine Haustür eintreten oder eine Scheibe einschmeißen würde, aber wenn ich dann da war, hatte ich meine Wut längst verloren. Dennoch will mir scheinen, dass es noch nie einen Verein in der 1. bis 3. Liga gegeben hat, der so wenig Elfmeter zugesprochen bekam und der so benachteiligt wurde wie gerade der FC St. Pauli. Manchmal stelle ich mir vor, dass ich Schiedsrichter werde, wenn ich noch einmal auf die Welt komme, und dann Einfluss nehme auf diese himmelschreienden Ungerechtigkeiten, die die Schwarzkittel meiner Mannschaft Woche für Woche antun.

Ich gehöre leider seit Kindheitstagen eher nicht zu den schweigenden Zuschauern im Stil meines Vaters, sondern neige zu spontanen verbalen Wutausbrüchen. Dann muss ich Flüche oder übelste Schimpfwörter laut herausbrüllen, weil ich sonst platzen würde. In der Mehrzahl aber sind die Fans des FC St. Pauli völlig gewaltfrei, und das schließt auch wörtlich geäußerte Beleidigungen und mehr noch eine verbale Bedrohung der Schiedsrichter, Linienrichter oder gegnerischen Spieler aus. Damit das auch jeder weiß, wurden vor einigen Jahren Schilder an die Stadionwände genagelt, auf denen sinngemäß zu lesen ist, dass jede Beleidigung rassistischer Art oder eine solche, die sich gegen die Religion und überhaupt gegen alle möglichen Minderheiten inklusive sexistischer Diskriminierungen wendet, verboten ist und zum sofortigen Stadionverweis führt.

Schiedsrichter aus dem Rheinland wurden bis zu diesem Verbot von Bonzenblockbesuchern schon einmal als »du Katholik« und solche aus den neuen Bundesländern als »du Bolschewist« tituliert. Jetzt darf man solche Unverschämtheiten nur noch hinter vorgehaltener Hand oder mit über den Kopf gezogener Mütze aussprechen. Im Prinzip finde ich es auch gut, dass nun niemand mehr einem Schiedsrichter »du Wichser« oder »alte Schwuchtel« zurufen darf, denn die Menschen machen auch nur ihre Arbeit, wenn sie nicht gerade Hoyzer heißen.

Dafür singen die Fans in Nordkurve und Gegengerade jetzt: »Du hast die Haare schön«, wenn Spieler mit gefärbten Haaren oder ein Schiedsrichter mit Glatze gegen alle guten Sitten verstoßen. Sie singen auch »Come on, you boys in brown«, so wie sich seit Jahren selbst am Millerntor eine zunehmende Amerikanisierung der deutschen Fußballsprache feststellen lässt. Beliebt ist im Frühjahr und Herbst auch das Lied »Hamburger Wetter, wir haben Hamburger Wetter«, wenn es, wie so oft, in Strömen gießt. Alle singen mit, und allen geht das Herz auf, wenn wir führen und das ganze Stadion »Auf der Reeperbahn nachts um halb eins« singt.

Die Nordkurve brüllt mehrfach frenetisch: »St. Pauuuuliiii, St. Pauuuuliiii«, und die Gegengerade antwortet im Echo. Das Szenario wiederholt sich im Anschluss mehrfach mit der Haupttribüne. Auch der Gästeblock wird aufgefordert, in der Regel jedoch vergeblich.

Bei jedem Tor des FC St. Pauli wird das Lied »Song 2« von Blur eingespielt, das ganze Stadion antwortet johlend mit »huhu, huhu, huhu«. Unmittelbar nach einem Tor des FC St. Pauli steigt der Bierverbrauch an. Die Serviererin kommt mit dem Bierbringen nicht mehr nach. Dann geht der Gemüsemann pinkeln. Die beste Zeit zum Pinkeln ist kurz nach Spielbeginn oder bis 15 Minuten vor der Halbzeit. Wer erst zur Halbzeit geht, muss es schon lange halten können, denn manche Fans pflegen am Millerntor fünf Minuten am Stück zu schiffen. Ich habe noch an keinem anderen Platz der Welt Männer so lange pinkeln sehen wie auf den Toiletten des FC St. Pauli.

Auch vor den Frauentoiletten herrscht in der Halbzeit ein unvorstellbarer Andrang. Mit den Frauen muss man Mitleid haben. Sie können nicht wie die Männer, die es nicht mehr halten können, einfach an den Zaun gehen. Es ist ein Wunder, dass am Millerntor noch niemand geplatzt ist, weil es für 20.000 Zuschauer, die für die Dauer des Spiels fast ausnahmslos zu Gewohnheitstrinker/innen werden, nur ungefähr sechs Toilettenhäuschen gibt.

In den zweiten 45 Minuten geht ständig irgendjemand zum Pinkeln. Andauernd muss man die Knie einziehen. Meistens latscht genau dann einer vorbei, wenn sich torgefährliche Szenen auf dem Rasen abspielen, die man nun verpasst. Der Gemüsemann wird dann richtig sauer.

Ali sagt während des Spiels so gut wie nichts. Wenn einer schwach ist, dann hat er das ohnehin schon beim Warmmachen gewusst. An guten Tagen kann er sich freuen wie ein Kind. Manfred fiebert still vor sich hin. Günter nimmt die Schiedsrichter immer in Schutz und behauptet bei allen fragwürdigen Entscheidungen das Gegenteil von mir, um mich zu provozieren. Ich nehme es ihm nicht übel, denn er hat nur im Kindergarten selbst Fußball gespielt, und da war er, wie er zugibt, als linker Verteidiger nominiert.

Die Fans in der Nordkurve und auf den Stehplätzen der Gegengerade sind den Kapriolen des norddeutschen Wetters ausgesetzt. Wenn die Sturmböen eines Nordseetiefs von Nordwesten über den Rasen fegen, peitscht der Regen den Zuschauern ins Gesicht. Ich denke dann voller

Mitleid an meine Söhne, die ihren Stehplatz nicht gegen einen Sitzplatz unterm Tribünendach eintauschen wollen, obwohl ich es ihnen mehrfach angeboten habe.

Das sind die Tage, an denen die Spieler in Braun-Weiß mit ihren Stollen beim Grätschen tiefe Furchen in den Rasen ziehen und der Ball bei langen Pässen auf dem feuchten Geläuf immer schneller wird oder bei andauerndem Regen in einer Pfütze vor dem Sechzehner liegen bleibt. Seltener liegt sengende Sonne über dem Millerntor, und den Spielern rinnt der Schweiß übers Gesicht. In Momenten höchster Bedrängnis der Braun-Weißen fordern Spieler wie Thomas Meggle, Marcel Eger oder Florian Lechner die Fans auf, doch mehr Unterstützung zu geben. Dann geht es wie ein Ruck durch das ganze Stadion, und plötzlich braust der Schlachruf auf: »Sankt Pauuuuuliiiiii, Sankt Pauuuuuliiiiii«.

Wir gehen ans Millerntor, weil wir immer auf ein Wunder warten. Plötzlich »können Lahme wieder gehen«, so hat es ein Reporter einer Berliner Tageszeitung beschrieben, als der verletzte Florian Lechner im Pokalspiel gegen Hertha BSC in der Verlängerung noch einmal über sich hinauswuchs und dazu beitrug, dass einmal mehr am Hamburger Millerntor ein Wunder geschah. An vielen Spieltagen bleiben Wunder jedoch aus. Sie geschehen beim FC St. Pauli immer nur dann, wenn niemand damit rechnet. Der Zauber des Fußballs am Millerntor liegt darin, dass beim FC St. Pauli jederzeit alles möglich ist, und dass Spieler und Fans zusammenhalten, was auch immer auf dem grünen Rasen geschehen mag.

Fußball beim FC St. Pauli ist Spaß, Freude und die Sehnsucht und Suche danach, dass der vermeintlich Schwächere den Starken besiegt. Noch nie wurde ein Spieler des FC St. Pauli verlacht oder geschmäht, wenn er bereit war, alles zu geben, wenn er kämpfte und rannte, dass ihm das Wasser im Arsch kochte.

KAPITEL 9

Kam ging

Einmal noch bin ich zu einem wichtigen Spiel der Schwarz-Gelben vom SV Eckelshausen ins Hinterland gereist. Es ging um den Aufstieg in die Bezirksklasse Nord des Fußballkreises Marburg/Biedenkopf. Vielleicht würde es mir in anderer Umgebung gelingen, den vierzehntägig am Millerntor bevorstehenden Nervenzusammenbruch beim SVE zu vermeiden und ein Spiel einmal von Anfang bis Ende genießen zu können. Aber ich stand schon total unter Spannung, als ich in Wiesenbach aus dem Auto ausstieg.

Es lag eine drückende Schwüle über dem Platz, und vor mir waren nur die Spieler des SVE und deren Betreuer angereist. Aus den Zeitungsausschnitten, die mir meine Mutter regelmäßig nach Hamburg schickte, wusste ich, dass der beste Torjäger des SVE Cafer Kam hieß und ein türkischer Metzger war. Ich fragte einen der SVE-Offiziellen, welcher der Jungs denn nun der Kam sei. Man zeigte ihn mir. Ich wunderte mich, dass Kam blond war und für einen Türken ziemlich groß gewachsen schien. Das einzige, was ihn unverkennbar als Türken auswies, war die überdimensionale Goldkette, die er wie einen Orden um den Hals spazieren trug. Die Vorbereitungen der Schwarz-Gelben beim Warmmachen unterschieden sich kaum von denjenigen meines Teams am Millerntor. Sie erweckten den Eindruck absoluter Professionalität. Zu meiner aktiven Zeit wäre die Hälfte der Spieler schon vor dem Spiel k.o. gewesen, wenn sie so viel vor dem Anpfiff gelaufen wären.

Ich sagte zu meinem alten Freund Helmut Kaufmann, dass unser Torwart relativ kurz geraten sei, aber vielleicht mache das ja nichts aus, denn auch er habe früher ja gelegentlich im Tor ausgeholfen und sei eher klein. »Stimmt«, sagte Helmut, »aber da haben sie auch nicht so hoch geschossen.« Inzwischen waren auch andere Zuschauer eingetroffen, etwa 200 mögen es gewesen sein.

In den ersten fünf Minuten des Spiels waren die Schwarz-Gelben gar nicht auf dem Platz. Vier, fünf Angriffe rollten auf unser Tor. Ich rechnete mit einem Fiasko, aber der katzengleichen Gewandtheit unseres kleinwüchsigen Torwarts war es zu verdanken, dass wir nicht von Anfang an hoffnungslos ins Hintertreffen gerieten. Es war eine schlappe Vorstellung, die der SVE in den ersten 30 Minuten des Spiels darbot. Gewisse Parallelen zu den Braun-Weißen an der Reeperbahn waren unübersehbar. Am Millerntor wurde in solchen Situationen das Publikum zum zwölften Mann, und meistens ging dann ein Ruck durch die Mannschaft, und die Post ging ab, mit Truller, Stani, Hanke, dem »Knochenbrecher«, und Marcus Marin. Doch das Wiesenbacher Geläuf war mit dem Millerntor nicht vergleichbar, und der SVE spielte hier nicht vor eigenem Publikum.

Ich fragte mich, wie diese müde Truppe das Blatt noch

wenden wollte. So musste ich meine letzten Hoffnungen, den SVE doch noch siegen zu sehen, schließlich auf meinen Bruder im Blute, Cafer Kam, setzen, den ich inzwischen dank weiterer Nachfrage als den wahren Türken erkannt hatte, während das Objekt meiner Verwechslung, Johannes Kamm, sich ein ums andere Mal in der gegnerischen Abwehr festgelaufen hatte. Schon seit geraumer Zeit hatte die Nummer 4 des Gegners meinem Hoffnungsträger Cafer Kam nach traditioneller Vorstopperart fortlaufend in die Knochen getreten. Und es ärgerte mich, dass Cafer Kam nicht in der üblichen Art südländischer Spieler reagierte, sich spektakulär fallen ließ oder zurücktrat.

Ich begab mich an der Seitenlinie auf Spielhöhe unseres Mittelstürmers und feuerte unsere Nummer 9 an. Mein Hoffnungsträger sah mich zuweilen verstohlen an, weil er mich bis zu diesem Zeitpunkt noch nie gesehen hatte. Beim nächsten Einwurf, den er ausführte, bedeutete ich ihm, er solle seinen Gegenspieler noch ein bisschen provozieren und ihm auch was auf die Socken geben. Die in der Folge sich einstellende Gelbe Karte für Nummer 4 wertete ich als ersten Erfolg meiner Bemühungen. Nicht bedacht hatte ich, dass Cafer Kam meinen Rat bis zum Äußersten befolgen könnte. Cafer Kam trieb sich auf Linksaußen herum, als das Unfassbare geschah. Wegen einer belanglosen Körperberührung, die man in den guten, alten Zeiten als Tackling bezeichnet hätte, erhielt Cafer Kam, der Mann, auf den ich alles gesetzt hatte, die Rote Karte. Kam ging.

Leider war inzwischen bereits das 0:1 gegen uns gefallen. Heute kann ich eingestehen, dass ich womöglich nicht völlig schuldlos gewesen wäre, wenn die Schwarz-Gelben das Spiel verloren hätten. Der Schiedsrichter pfiff zur Halbzeit. Ein warmer Sommerregen setzte ein. Ein gutes Omen? Bei Regen läuft der FC St. Pauli zu großer Form auf. Vielleicht würden es die Schwarz-Gelben genauso machen. An der Treppe zur Kabine passte ich den Schiedsrichter ab und sagte ihm, dass er auf einem Auge blind sein müsse, wenn nicht gar auf beiden, in der Hoffnung, dass er für seine katastrophale Fehlentscheidung in den zweiten 45 Minuten einen Ausgleich schaffen würde.

Die Wolken rollten herein, Blitze zuckten, und die blinde Bratwurst von einem Schiedsrichter aus dem Frankenbergischen pfiff wieder an. Ich weiß nicht, wer unserer müden Truppe in der Halbzeitpause den Marsch geblasen hat. Jedenfalls schien die Truppe nach dem Wiederanpfiff wie ausgewechselt. Ein Schrank von einem Kerl, mit Nummer 10, vielleicht aus Istanbul oder dem fernen Anatolien, egal, bewegte sich von nun an wie ein Puma durch die gegnerischen Abwehrreihen, schirmte den Ball mit dem Körper ab und schlug Flanken in hohem Bogen vor das Tor der Wiesenbacher. Eine solche Flanke nahm der bärtige Vorstopper der Wiesenbacher mit der Nummer 4 auf und verwandelte sie mit einem eleganten Bogenschuss ins eigene Gehäuse. Da stand es 1:1.

Von nun an kämpften die Schwarz-Gelben, als ginge es um ihr Leben. Die Zuschauer des SV Eckelshausen liefen zu großer Form auf und ergingen sich in übelsten Flüchen und Verwünschungen in Richtung Schiedsrichter. Es war nur eine Frage der Zeit, wie lange der Mann dem Druck unserer verbliebenen zehn Spieler und dem der Zuschauer standhalten könnte. In der 70. Minute gab er einen Foulelfmeter für uns. Johannes Kamm, der kein Türke war, verwandelte eiskalt ins rechte untere Eck. Wir lagen 2:1 vorne.

Wie der SVE die restlichen 20 Minuten überstand, das grenzt an ein Wunder. Es war jetzt genauso wie in vielen Schlachten am Millerntor: Dann, wenn alles verloren scheint, fasst sich die Mannschaft noch einmal ein Herz, es geht bedingungslos nach vorne, alles oder nichts. Und wenn sich dann durch irgendeinen aberwitzigen Grund, durch einen Zufall oder ganz einfach nur Glück, das Blatt gewendet hat, dann steht die Abwehr samt Mittelfeld wie eine Betonwand.

Und so war er plötzlich wieder da, auch hier im oberhessischen Bergland an diesem Samstagnachmittag, der alte Zauber des Fußballs, von dem ich gedacht hatte, dass es ihn nur am Millerntor gibt, und dort wahrlich auch nicht alle Tage.

KAPITEL 10

Terminstress

Die HSV-Fans, die ich in unserem Verlag kenne, sitzen im Betriebsrat oder im Lager. Auch der Betriebsratsvorsitzende fiebert für den ewigen Erstligisten. Der Leiter des Kurierdienstes, der mich jeden Morgen in seinem Glaskasten im Erdgeschoss begrüßt, ist ebenfalls ein glühender Anhänger der Rothosen. Wenn der FC St. Pauli verloren hat, benutze ich seit einiger Zeit den Hintereingang, um mir sein Grinsen oder hämische Bemerkungen zu ersparen. Hat der FC St. Pauli gewonnen und der HSV gleichzeitig verloren, gehe ich selbstverständlich durch den Vordereingang. Die Pauli-Fans der Verlagsgruppe bilden natürlich die Elite des Unternehmens. Sie sitzen in den Redaktionen, im Vertrieb und sind im Lesezirkel daheim. Wenn der FC St. Pauli am Freitagabend spielt, ist am Nachmittag in diesen Verlagsbereichen kaum noch jemand zu erreichen, weil sich die Fans auf das Spiel vorbereiten.

Ich hingegen, in meiner Funktion als Geschäftsführer, bin an solchen Freitag-Spieltagen meistens im Stress. Einmal, unmittelbar vor einem solchen Freitag, hatte ein Sprecher eines Verbandsgremiums der Zeitschriftenverlage zu einer Sitzung am späten Vormittag in Berlin eingeladen. Neuregelungen im Pressevertrieb von Zeitschriften sollten verabredet werden. Meine Teilnahme war unumgänglich.

Morgens um sechs fuhr ich los und war pünktlich zum Sitzungsbeginn im Tagungshotel am Tegeler See. Im Kofferraum meines Autos hatte ich die Fanklamotten deponiert, um sie vor dem Spiel gegen den Anzug einzutauschen. Ich ging davon aus, dass ich spätestens gegen drei Uhr nachmittags gemütlich zurück nach Hamburg zum Spiel des FC St. Pauli fahren würde.

Die Sitzung begann damit, dass ein Gastreferent der Branchenverbände sage und schreibe 53 Charts an die Wand warf, eine unendliche Folge von Statistiken und Zahlen, die für die in den hinteren Reihen sitzenden Tagungsteilnehmer nicht lesbar waren. Ich sah zum Fenster hinaus. Auf dem See glitt ein Renn-Ruderboot vorbei. Ich konnte die Kommandos des Steuermanns durch die schräg gestellten Fenster hören: »Haut rein, haut rein!«

Die Schwäne am Ufer schlugen mit den Flügeln, erhoben sich sekundenlang schwerfällig, um anschließend wieder ins Wasser zu plumpsen. Die sonore Stimme des Vortragenden machte mich schläfrig. Erst als er verstummte, weil sein Vortrag zu Ende war, horchte ich auf. Ich sah auf die Uhr und stellte fest, dass wir spielbeginnbezogen gut in der Zeit lagen.

Nun begann die Diskussion. Ein Manager eines großen Verlages behauptete, es sei ein Irrweg, wenn die Verlage mit den Bestsellern immer Rücksicht auf Vielfalt und Meinungsfreiheit nehmen müssten. Er beklagte die Titelflut. Die Bestseller des Pressemarktes würden durch schwer verkäufliche Zeitschriftentitel im Regal blockiert. Die Zeitung mit der höchsten Verkaufsauflage sei deshalb zur »Bückware« verdammt.

Dazu hätte ich in meiner Eigenschaft als Sprecher des Arbeitskreises der mittelständischen Verlage in Deutschland jetzt unbedingt etwas entgegnen müssen. Ich tat es nicht, um keinen weiteren zeitlichen Verzug zu riskieren, und versuchte mich abzulenken. Ich sah nach oben.

In die Decke des Tagungsraumes im Hotel, das früher vielleicht einmal ein herrschaftliches Landhaus gewesen sein mochte, waren umgedrehte Pickelhauben mit Stahlspitzen eingelassen, eine davon genau über meinem Kopf. Womöglich war die Villa von Wilhelm II. gebaut worden, und der alte Militarist hatte die architektonische Spielerei in der Deckenkonstruktion persönlich angeordnet. Ich dachte, wenn die Pickelhaube aus der Decke herausbricht, fällt sie auf mich drauf, und ich bin tot. Die Sitzung hätte endlich ein Ende. Aber gleichzeitig fiel mir ein, dass ich dann nicht mehr zum Spiel fahren könnte.

Ich erinnerte mich an den Buchtitel von Christoph Biermann: »Wenn du am Spieltag beerdigt wirst, kann ich nicht kommen.«

An ein Ende der Sitzung war noch lange nicht zu denken. Im Gegenteil, nüchtern betrachtet, hatte sie gerade erst begonnen. Ich saß trotzdem auf glühenden Kohlen, weil der Spielbeginn am Millerntor nach meinem Gefühl immer näher rückte. Dabei war es nicht einmal halb zwei.

Der Moderator der Diskussion warf nun den Beamer

an, um die Höhe der Liefermengen der einzelnen Zeitschriften und Zeitungen und die ausufernden Remissionen zu demonstrieren und zu beklagen. Ein Sachverständiger, dessen Flug in Frankfurt gestrichen worden war, wurde per Telefon zugeschaltet: Die Stimme aus dem Jenseits.

Ich überlegte, wer heute bei uns im Tor stehen würde.

Es war muckmäuschenstill im Sitzungsraum. Der Kollege am Telefon in Frankfurt am Main hielt einen langen Monolog. Durch mein Hirn strömte plötzlich die Melodie des Beatles-Songs »Across the universe«, und während der Mann am Rhein-Main-Flughafen bedeutungsschwangere Sätze aus dem Nichts von sich gab, fiel mir die passende Textzeile von John Lennon ein: »Words are flowing out like endless rain into a paper cup … they slip away across the universe.«

Ich kämpfte gegen meine Gleichgültigkeit und gegen meine Unaufmerksamkeit, schließlich hatte ich hier meinen geschäftlichen Verpflichtungen nachzukommen, denn dafür wurde ich gut bezahlt. Ich bekam ein schlechtes Gewissen und erinnerte mich an längst vergangene Zeiten.

Schon zu Beginn der Pubertät, als meine Leistungen in der Schule immer schlechter wurden, hatte mir mein Vater bei der halbjährlichen Zeugnisvorlage bescheinigt, dass in meinem Kopf nichts anderes als ein Sammelsurium nutzlosen Wissens gespeichert sei. Statt Lateinvokabeln und mathematische Formeln auswendig zu lernen, würde ich mich tagaus, tagein mit Fußball und Rockmusik beschäftigen. Kein Mensch könne davon eine Familie ernähren. Ich würde mich im Erwachsenenleben noch schmerzlich an seine Worte erinnern, wenn ich mich nicht ändere. Ich solle mir endlich mal die Haare schneiden lassen, die Leute im Dorf würden mich als »Gammler« bezeichnen. Mit diesem Zeugnis und so einer Matte bekäme ich nie eine Lehrstelle, ein Sparkassendirektor würde es ablehnen, einen Menschen mit meinem Aussehen an den Schalter zu stellen. Ich hatte ihm damals geantwortet, dass er Recht habe, weil ich aufgrund meiner Schnelligkeit und fehlender Rechenfertigkeiten eher für einen Banküberfall als für die Kreditberatung geeignet sei. Da hatte mein Vater nur noch den Kopf geschüttelt.

Hatte ich mich im Grunde meines Herzens vielleicht nie geändert? Weshalb schoss mir ständig das Spiel meiner Braun-Weißen durch den Kopf? Weshalb gelang es mir genauso wenig wie einst in der Schulbank, mich zu konzentrieren?

Die Stimme am Telefon hatte den Vortrag beendet, ich hatte nicht wirklich zugehört. Nun war plötzlich ich mit einem Diskussionsbeitrag an der Reihe. Es ging auf drei Uhr. Ich fasste mich kurz und erklärte, dass ein endloses Herumdebattieren keine Lösungen bringe. Es gelte jetzt, Verabredungen zu treffen. Und es sei am besten, wenn die großen Verlage mit den hochauflagigen Titeln mit gutem Beispiel vorangingen und ihre Liefermengen kürzten. Das würde den Pressehandel und die Regale am deutlichsten entlasten.

Eine brünette Schönheit betrat den Sitzungssaal und

reichte dem Vorsitzenden wortlos einen gelben Zettel, den dieser achtlos beiseite schob, während ich ruhig weitersprach. Die Dame war gut gebaut, alles dran, wie man so sagt, aber sie würdigte mich keines Blickes.

Ich hatte gedacht, dass nach meinem Beitrag nun Ruhe sei, dass ein Beschluss gefasst würde und der Vorsitzende die Sitzung dann beende. Leider hatte ich das Gegenteil bewirkt. Nun fielen die Manager der Großverlage verbal gleich reihenweise über mich her. Ihre Verlage und Titel seien die Säulen des Pressevertriebssystems und alle anderen Titel Nutznießer und Trittbrettfahrer. Es ging nun so heiß her, dass ich das Spiel am Millerntor vergaß, weil ich mich argumentativ meiner Haut erwehren musste, und darin war ich geübt.

Als ich das nächste Mal auf die Uhr sah, zeigte sie halb vier. Es lagen weitere acht Wortmeldungen vor. Am Millerntor wurde jetzt der Platz abgestreut.

Inzwischen hatte der Vorsitzende die ihm überbrachte Notiz gelesen, und es kam mir vor wie ein Wunder: Punkt vier wurde die Sitzung geschlossen. Ich ging, ohne mich von meinen Kollegen zu verabschieden.

Auf dem Parkplatz traf ich den Assistenten eines Geschäftsführers aus einem Konkurrenzverlag. Er hatte während der Besprechung das Protokoll geführt. Der junge Mann hatte das Bein in Gips und ging an Krücken. Er sagte, dass er gehört hätte, ich sei Fan des FC St. Pauli, und fragte freundlich, ob ich ihn zum Spiel mitnehmen könne, denn auch er sei Paulianer.

»Kein Problem,« sagte ich.

Auf der Autobahn nördlich von Berlin standen wir im Stau, weil offensichtlich alle Pendler aus Neuruppin und Umgebung zur gleichen Zeit ihre Arbeitsplätze verlassen hatten.

Während der Autofahrt sprachen wir fast ausschließlich über Fußball und den FC St. Pauli. Mein Mitfahrer hatte sich bei einem Training seines B-Ligadorfclubs das Wadenbein gebrochen, weil der Torhüter, auf den er zugestürmt war, ihn aus falschem Ehrgeiz brutal foulte.

Er erzählte, dass sein fußballbegeisterter Großvater ihm empfohlen habe, in Hamburg nicht ins Volksparkstadion, sondern ans Millerntor zu gehen. Dort, so der Großvater, würden noch echte Kerle spielen, Männer, die in der Bronx von St. Pauli und Altona aufgewachsen seien, Straßenfußballer eben und keine Weicheier. Der Großvater, inzwischen 84 Jahre alt, habe sich im Rahmen eines Busausfluges vor einigen Jahren ein Spiel des FC St. Pauli angesehen. Seit diesem Besuch am Millerntor habe er zwischen den Hirschgeweihen in der Wohnstube eine St. Pauli-Fahne drapiert. Seinen Schreibtisch ziere ein gerahmtes Foto von Holger Stanislawski mit persönlicher Widmung.

Als der Enkel seine berufliche Tätigkeit in Hamburg aufnahm, war er dem Vorschlag des Großvaters gefolgt und hatte das nie bereut.

Inzwischen drückte ich wie ein Besessener auf die Tube und missachtete jede Geschwindigkeitsbeschränkung. Obwohl es schon dunkel wurde, klappte ich die Sonnenblende nach unten. Bei der Abfahrt Herzsprung wurde ich geblitzt, und trotz meiner Vorsichtsmaßnahme erhielt ich vier Wochen später die Quittung in Form eines Fotos nebst Zahlungsanweisung und dem Bescheid, dass in Flensburg nun drei Punkte mehr auf meinem Konto verbucht seien.

Vorläufig aber bildete ich mir ein, dass mein Gesicht dem Automaten verborgen geblieben sei, und wenn ich an Punkte dachte, dann an die drei, die unser Team heute Abend einfahren würde. Den Gegner würden wir weghauen, so viel war klar, zumindest für meinen Begleiter. Er zählte mir die Vorzüge und Talente eines jeden einzelnen St. Pauli-Spielers auf und anschließend die Macken und Marotten des Gäste-Aufgebotes. Der Junge war so gut informiert, wie ich in meinen besten Jahren nicht. In seinem Rucksack führte er eine Batterie Bierbüchsen mit, die er nach und nach bis zum Passieren der ehemaligen Staatsgrenze austrank. Er trug weder Manschettenknöpfe, noch waren seine Haare gegelt.

Ich dachte, dass es auch in anderen Verlagen fähige junge Leute gibt, aus denen man gestandene Manager machen kann.

Nie wieder bin ich in einer solch kurzen Zeit von Berlin nach Hamburg gefahren. Wir trafen fünf Minuten nach Spielbeginn auf dem Heiligengeistfeld ein. Ich fuhr meinen Begleiter bis unmittelbar vor den seitlichen Stadioneingang an der Nordkurve und bat ihn, dort auf mich zu warten, weil wir im gleichen Block saßen.

Es begann zu regnen, als wir die Kartenkontrolle passierten. Ich kam nicht mehr dazu, das St. Pauli-T-Shirt überzuziehen. Während mein Begleiter neben mir herhumpelte, nahm ich den Schlips ab und setzte meine braune Mütze auf.

Wir kauften uns am Bierstand zwei große Astra und nahmen unsere Plätze ein.

»Die Leute in der Branche spinnen«, sagte der junge Mann, »als ob es nichts Wichtigeres im Leben gäbe als die Liefermengen von Zeitschriften.«

KAPITEL 11

»Unschlagbar« oder: Ein Gourmet im VIP-Container

Oswald, dessen wahrer Name hier nichts zur Sache tut, hatte ich auf einer der zahlreichen Tagungen der Branche kennengelernt. Der gebürtige Friese betrieb mit großem Erfolg eine Anzeigenagentur. Er war kein Fußballfan, interessierte sich aber seit langem gesprächshalber für das Geschehen am Millerntor. Vielleicht vermutete Ossi, dass sich das Flair der Reeperbahn auf den grünen Rasen am Millerntor übertrage, womöglich glaubte er, dass beim FC St. Pauli in der Halbzeit oder vor dem Spiel die »Go Go Girls« vom Kiez einen Strip vor dem Bonzenblock hinlegten.

Ossi tat mir irgendwie leid, denn es ging ihm nicht gut. Er lebte seit vielen Jahren von seiner Frau getrennt und verbrachte in besseren Zeiten seine Nächte mit einer brünetten, etwas molligen Schönheitskönigin, die in einem Single-Café in Oberstaufen, dem Mekka der einsamen Herzen, zum Objekt seiner Begierde gereift war. Die Dame, knapp 20 Jahre jünger als er, unterhielt jedoch gleichzeitig eine Beziehung zu einem Menschen, der seinem Broterwerb als Türsteher auf dem Hamburger Kiez nachging. Irgendwann in jenem Sommer war die Brünette mit ihrem Adonis zu einem Langzeiturlaub in die Karibik durchgebrannt und hatte die von Ossi spendierte Kreditkarte gleich mitgenommen.

Ossi war am Boden zerstört, und deshalb lud ich ihn ein paar Wochen später, im Herbst, zu einem Heimspiel des FC St. Pauli am Millerntor ein. Es ging gegen die Rot-Weißen aus Oberhausen. Ich holte meinen Geschäftspartner am Samstagmittag in seinem Haus am Rande der Lüneburger Heide ab. Der große Garten vor dem Reetdachhaus machte einen verwilderten Eindruck, weil es offensichtlich Ossis Ding nicht war, im Garten einmal Hand anzulegen.

Mein Gast für das heutige Spiel hatte sich in einen weißen Designer-Anzug geschmissen und eine Fliege vorgebunden. Seinen kahlen Schädel schmückte ein überdimensionaler Cowboyhut. Mir kam der Gedanke, dass es vielleicht doch keine so gute Idee gewesen war, ihn ans Millerntor mitzunehmen.

Ich sagte: »Ossi, heute werden wir uns einen schönen Tag machen, und du wirst diese Frau ein für allemal vergessen.«

»Wenn du meinst«, brummte Ossi und schwieg.

Er schwieg auch noch, als wir die Auffahrt zur A 7 bei geöffnetem Verdeck und dröhnender Rockmusik nahmen.

»Kannst du die Musik mal leiser drehen?«, bat er, »man versteht sein eigenes Wort nicht.«

Und fügte hinzu: »Die Karte ist weg.«

Ich sagte: »Ossi, ich habe dir die Karte noch gar nicht gegeben.«

Ossi winkte ab: »Ich rede hier nicht von der Eintrittskarte, sondern von der American Express, die sie mitgenommen hat.«

Ossi schwieg eine Weile, dann meinte er: »Die beiden machen sich da unter Palmen in der Südsee ein schönes Leben, und alles auf meine Kosten.«

Ich sagte zu Ossi, dass er es vergessen solle, und ob er vielleicht schon mal an eine Sperrung der Kreditkarte gedacht habe.

»Dann würde sie ganz schön auf dem Schlauch stehen«, antwortete Ossi, »aber vielleicht kriege ich sie ja noch zurück.«

Ich fragte ihn, ob er die Kreditkarte oder die Schönheitskönigin meint. Er sagte: »Beide.«

Dann begann Ossi einen langen Monolog, der von Ramelsloh bis zu den Elbbrücken andauerte, in dem er von den Vorzügen seiner einstigen Freundin erzählte, wie schön die Sternennacht auf dem Balkon seiner Suite in einem renommierten Pariser Hotel doch gewesen sei und dass sich das womöglich nie mehr in seinem Leben wiederholen werde. Und er ist in eine katholische Kirche gegangen, hat eine Kerze angezündet und ein Gebet gesprochen, dass die Treulose zurückkommen soll, und den Bodybuilder kann sie gleich dalassen, im Bermudadreieck sind schon viele verloren gegangen.

»Wer spielt hier überhaupt gegen wen?«, fragte Ossi, als ich auf den Parkplatz am Medienbunker in der Feldstraße einbog.

»Pauli gegen Rot-Weiß Oberhausen,« sagte ich.

»In welcher Liga spielen die denn?«

»In der zweiten.«

»Da spielt die Tante jetzt auch«, sagte Ossi. »Gibt es hier eigentlich einen Sondereingang für VIPs?«, fügte er zerstreut hinzu.

»Bei uns müssen sich alle anstellen«, antwortete ich.

Nachdem wir unsere Armbänder abgeholt hatten und Ossi sich am Fanstand sowohl einen Schal mit der Aufschrift »Freibeuter der Liga« als auch ein Trikot mit der Aufschrift LOTTER gekauft hatte, marschierten wir in den Container. Ossi nahm sich drei Würstchen und Kartoffelsalat vom Büfett, stellte den Teller auf den Stehtisch und ging erneut zu den aufgereihten Speisen an der Wand des Containers, um sich einen zweiten Teller mit Roastbeef und diversen anderen kulinarischen Köstlichkeiten vollzuladen. Ich besorgte zwei große Astra. Ossi trank das Bier auf ex und bat mich, ihm gleich noch zwei zu holen, er hätte einen Bärendurst. Die anderen Gäste im Container warfen erstaunte Blicke auf Ossi und dessen groteskes Outfit. Er sah aus wie Charlie Chaplin vor seinem letzten Auftritt.

Ich sagte zu Ossi, dass wir nun ins Stadion müssten, in wenigen Minuten würden die Mannschaften auflaufen, und das sei das Beste vom Spiel. Ossi meinte: »Geh schon mal vor, ich brauche noch Zeit, um die Niederlage in Ruhe sacken zu lassen.«

Ich sagte: »Das Spiel hat noch gar nicht begonnen, und du sprichst schon von einer Niederlage«, und dann ging ich ohne ihn los.

Das Spiel begann und wogte 30 Minuten im Mittelfeld hin und her. Torszenen waren Mangelware. Patschinski nicht zu sehen. Wo aber blieb Ossi?

Weit und breit keine Spur von ihm. Ich verließ nach einer guten halben Stunde meinen Platz, um nach Ossi zu suchen. Am Würstchenstand vor der Haupttribüne stand er und verspeiste seelenruhig eine Currywurst, die er mit einem großen Astra hinunterspülte. Die Würstchenbraterin hörte ihm staunend zu.

»Und dann«, hörte ich Ossi sagen, »ist sie bei Nacht und Nebel mit meiner Kreditkarte abgehauen.«

Die Würstchenbraterin sagte: »So etwas kommt vor, aber ein Mann mit Ihrem Aussehen bleibt nicht lange allein.«

Ossi fragte sie, ob sie heute Abend, nach dem Spiel, schon etwas vorhabe.

»Ein anderes Mal, heute geht nicht« sagte die Würstchenfrau, nun kurz angebunden.

Vor Ossi, auf dem Boden, stand eine Plastiktüte. Ossi unterbrach seine Erzählungen, dabei tropfte der letzte Rest der roten Currysoße auf seine Anzugjacke.

»Das hat mir gerade noch gefehlt«, fluchte er, »so eine Sauerei.«

»Wo bleibst du denn?«, fragte ich.

»Ich habe mich erst einmal satt gegessen«, sagte Ossi, nun halbwegs zufrieden, »und dann noch ein paar Fanartikel für die Nachbarn gekauft.«

Er zeigte mir den Inhalt seiner Plastiktüte, die ein Kinder-T-Shirt, einen Babyschnuller, eine Badeessenz mit der

Aufschrift »Wir waschen uns nie«, einen braunen Kapuzenpullover und einen braunen Geldbeutel mit dem Wappen des FC St. Pauli enthielt. Seine Fliege hatte er inzwischen durch eine schwarze St. Pauli-Krawatte mit dem Totenkopfsymbol ersetzt.

»Ist doch geil«, sagte Ossi, »oder? Ist eigentlich schon ein Tor gefallen?«

»Wenn du die Hufe schwingst, siehst du vielleicht noch eins«, sagte ich.

Im Stadion war ein langer, kollektiver Seufzer zu hören, wahrscheinlich eine todsichere Chance für uns – und wieder mal vergeigt, von Fröhlich oder Meier.

Ich war ungeduldig und einigermaßen sauer.

»Ich gehe jetzt wieder rein«, sagte ich, »mach, was du willst.«

»Das Bier hier ist gut«, meinte Ossi, »nicht zu kalt und nicht zu warm, und gut eingeschenkt, mit einer schönen Schaumkrone. Ich trink erst noch einen.«

Vor dem Aufgang zum Stadion trennten sich unsere Wege, Ossi strebte dem Container zu.

Pünktlich zum Halbzeitpfiff war ich zurück an meinem Platz. Noch immer kein Tor. Ich überlegte, ob ich die Halbzeit im Stadion verbringen sollte, um mich nicht weiter aufzuregen. Aus Höflichkeit entschloss ich mich, während der Pause meinem Gast Gesellschaft im Container zu leisten.

Er saß dort nun auf einem Sofa in der Ecke, mit einem Glas Rotwein vor sich, und unterhielt sich angeregt mit einem an diesem Tag nicht im Kader befindlichen Spieler der Braun-Weißen, ohne zu wissen, um wen es sich handelt.

Ich hörte Ossi gerade noch sagen: »Die spielen sich vielleicht wieder mal einen Scheißdreck zusammen«, während unser Spieler ihn entgeistert ansah und den Kopf leicht schüttelte.

Als Ossi mich sah, bat er, ich möge ihm ein Dessert bringen und noch ein wenig von dem Käse dazu, weil ich gerade davorstehe, und er müsse sich dann nicht anstellen. Ich nahm eine rote Grütze und goss so viel Vanillesoße darauf, dass die roten Beeren nicht mehr zu sehen waren. Den Käse ließ ich unberührt.

Ossi schaufelte die Grütze mit einem Suppenlöffel in sich hinein. Der Pauli-Spieler fragte mich beiläufig, ob ich den Typen kenne. Ich sagte, dass es ein entfernter Geschäftsfreund sei, der eigentlich eine Dauerkarte beim HSV habe, und den ich nur ausnahmsweise mal mitgenommen hätte, weil er aktuell ein schweres Lebensproblem zu bewältigen habe. Diesen Teil meines Gespräches mit dem Spieler hatte Ossi mitgehört.

»Und nun treibt sie sich in Havanna oder Kingston Town herum«, sagte Ossi zu dem Spieler, »aber irgendwann kommt sie zurück. Irgendwann wird sie die Schnauze voll haben von dem Süßholzraspler. Noch ist nicht aller Tage Abend.«

Ich sagte zu Ossi, dass nun gleich die zweite Halbzeit beginne, und fragte ihn, ob er nicht endlich mitkommen wolle zum Spiel.

»So eine gute Küche wie hier am Millerntor findest

du nicht überall und nicht alle Tage«, beschied mich Ossi, »ich bleibe hier sitzen und werde die Käsesorten noch probieren, vielleicht kann ich dadurch meinen Frust etwas abbauen.« Fußball könne man den ganzen Tag konsumieren, und im Fernsehen sehe man ohnehin alles viel genauer, weil die Kameraperspektive nicht so einseitig sei wie das sehende Auge des Menschen, der beengt neben schwitzenden und alkoholisierten Hooligans auf seinem Plastikstuhl dazu verdonnert sei, 90 Minuten und die Halbzeit, sinnlos die Zeit vergeudend, abzusitzen. Und nicht nur das Bier sei hier gut, sondern auch der Rotwein sei vom Feinsten, der gehe ihm runter wie Öl, das sei ein Fall für den Wein-Gourmet.

Mir war nun alles egal, und ich verließ wortlos den Container. Etwa zehn Minuten vor Schluss tauchte Ossi im Stadion auf.

»Wie steht es?«, fragte er.

»0:0«, sagte ich, ohne ihn eines Blickes zu würdigen.

Das hätte er geahnt, meinte Ossi und fragte arglos, wer denn die Rot-Weißen seien.

»Der FC Liverpool«, antwortete ich.

Als der Schiedsrichter das Spiel abpfiff, war Ossi auf seinem Plastiksessel eingenickt. Vielleicht träumte er von der nackten Madonna im Mondlicht auf dem Balkon des Pariser Hotels.

Bevor wir ins Auto stiegen, sagte ich zu Ossi: »Wenn dir schlecht wird, mach vorher das Fenster auf.«

Während der gesamten Rückfahrt in die Heide schlief er schnarchend auf dem Beifahrersitz. Ich habe ihn nie mehr mit ans Millerntor genommen, auch wenn er in der ganzen Branche erzählt hat, die Speisen und Getränke dort seien einfach unschlagbar.

KAPITEL 12

Blues am Tivoli

Schon lange bevor feststand, dass wir tatsächlich den Durchmarsch von der ersten in die dritte Liga schaffen würden, hatten Ali und ich mit unseren Geschäftsfreunden in Aachen, Uli Stemmler und Michael Falter, verabredet, dass wir zum letzten Saisonspiel am 25. Mai 2003 an den Tivoli kommen würden.

Wir waren bereits abgestiegen, als Ali mit seinem Mini Cooper aus den sechziger Jahren in Henstedt vorfuhr, um mich abzuholen. Es war ein sonniger Frühlingstag in der norddeutschen Tiefebene, und viele Ausflügler waren auf den Autobahnen unterwegs. Vor Bremen gerieten wir in einen ersten Stau, dem noch viele an diesem Sonntag folgen sollten. Weil wir rechtzeitig losgefahren waren, machten wir uns keine Sorgen, dass wir den Anpfiff verpassen könnten. Wir ließen im Auto die Saison Revue passieren und waren uns in der Beurteilung der Leistung unserer Spieler vollkommen einig. Da waren zu viele dabei gewesen, die einfach keinen Bock hatten. Es genügte nicht, wenn sich nur Stani und Marco Gruszka den Arsch aufrissen, die Mittelfeldspieler den Ball nie über mehr als eine Station brachten und die Stürmer in der Luft hingen.

Dann begann Ali über sein berufliches Schicksal zu berichten. Die Verkäufe von Zeitungen und Zeitschriften seien rückläufig, der Druck der Verlage werde immer größer, die Rabatte seien zu niedrig und die Personalkosten zu hoch. Ich sagte Ali, dass er auf hohem Niveau klage, er besitze doch ein Landhaus an einem Teich im Naturschutzgebiet, mehrere Autos, sei ledig, habe eine wunderschöne, begabte Tochter, eine Putzfrau, zwei Dauerkarten am Millerntor, und er sei ein freier Mann.

Ich hingegen als Verlagsmann könne nur ein Rennrad mein eigen nennen, mein Auto sei ein Dienstwagen, die Großverlage würden uns quälen, und es sei auch nicht leicht, es meinem Vorstand jeden Tag recht zu machen. Im Grunde sei ich ein Knecht des Systems und außerdem noch auf die Unterstützung von Leuten wie ihm angewiesen. Die einzige Freude im Alltag sei bisher der FC St. Pauli gewesen, und der steige nun in die dritte Liga ab.

Wir standen nun schon eine geschlagene Stunde im Stau und waren keinen Meter vorangekommen.

Ich saß in dieser Zigarrenkiste von einem Fahrzeug, 20 Zentimeter mit dem Arsch überm Asphalt, machte das Fenster auf und steckte mir eine Zigarette an. Ali sagte: »Wir sind doppelt gestraft, weil wir in der Pressebranche und gleichzeitig Paulianer sind.« Ich sagte: »Ali, du hast ein schweres Los, dass du dich so im Leben quälen musst, und nun stehen wir auch noch in diesem Scheißstau.«

An der nächsten Raststätte fuhren wir über einen Versorgungsweg ab, um den Stau zu umgehen. Der Mini holperte über die Schlaglöcher, und es kam mir vor, als seien wir auf einer Achterbahn unterwegs. Nach fünf

Kilometern landeten wir an einer Schranke. Ali war in eine Sackgasse gefahren. Ich sagte zu Ali, er habe die Orientierung verloren, und wenn er seine Presse-Lieferfahrzeuge mit einem solchen Talent auf Tour schicke, dann sei es kein Wunder, wenn die »Für Sie« immer zu spät an die Kioske gelange. Ali bekam einen roten Kopf, schwieg einen Moment und stieg dann aus. »Du Blödmann, fahr selber«, sagte Ali. Wir wechselten die Plätze.

Ich sagte zu Ali, dass ich in unwegsamem Gelände die bessere Orientierung habe, weil ich bei der Bundeswehr Ausbilder war und als Fußballer Libero, und dass ich mich deshalb jederzeit am Stand der Sonne und der Gestirne orientieren könne. Deshalb wohl fanden wir nach einer weiteren Stunde einen Zubringer, der uns erneut auf die Autobahn brachte. Die Dörfer in der Wesermarsch lagen im Sonnenschein. Da gingen die Leute um diese Zeit der Morgenstunde wahrscheinlich noch geschniegelt und gebügelt zur Kirche, während wir in hoffnungsloser Mission für den FC St. Pauli unterwegs waren.

»Das muss uns erst mal einer nachmachen«, sagte Ali, »zu so einem Spiel zu fahren, wo alles schon verloren ist.« Ich schwieg und glaubte immer noch, dass wir uns einen schönen Tag machen würden, vor dem Spiel ein paar Biere, ein Sieg im letzten Spiel der Liga 2, und nach dem Spiel einen wunderbaren Abend am Tivoli. Hinter Osnabrück überholten wir einen alten BMW mit Fans des FC St. Pauli, die ihre Schals in die Seitenfenster geklemmt hatten. Sie winkten und hupten, und wir winkten zurück. Vor Münster erwischte uns der nächste Stau. Ali sagte, ich solle im Stau den Fuß von der Kupplung nehmen, das sei ein ungeheurer Verschleiß, wenn man ständig die Kupplung trete, das könne er sich als mittelständischer Unternehmer nicht leisten.

Ich sagte, ich tue es für meine Muskulatur, weil ich viele Jahre Fußballer war und ich mich im Sommer nicht mit schlappen Oberschenkeln vor der Weiblichkeit zeigen will, und dass ich ihm in Aachen ein Bier ausgeben werde, damit ihn der Materialverschleiß am Auto nicht in den Ruin treibt. Die Kolonne setzte sich allmählich wieder in Bewegung. An der nächsten Raststätte wollte ich uns ein paar Büchsen Bier besorgen.

»Für mich nur Wasser«, sagte Ali, »im Auto saufe ich nicht, und überhaupt trinke ich Alkohol nur nach Sonnenuntergang.«

»Und wenn ich bezahle?«, fragte ich.

»Dann überlege ich es mir noch einmal.«

Als wir nach drei weiteren Staus kurz vor »High Noon« über den Ruhrschnellweg düsten, öffnete Ali seine dritte Halbliterbüchse und forderte mich auf, endlich mal Gas zu geben, so wie ich fahre nur seine Mutter Martha durch Elmshorn, und die sei inzwischen 87. Hinter Mönchengladbach war die Autobahn gesperrt und eine Umleitung ausgeschildert. Ali meinte, ich solle über Hückelhoven fahren, das sei eine Abkürzung. Mein Gefühl drängte mich, links abzubiegen und die Strecke nach Jülich zu nehmen. Es stellte sich heraus, dass ich falsch gefahren war. Mit 50 Sachen juckelten wir nun von Dorf zu Dorf. Da bezichtigte mich der Kleinspediteur, dass ich ein Tyrann sei, es wäre kein Wunder, dass ich in der ganzen Verlagswelt als Quertreiber bekannt sei, und ich hörte auf niemand, meine Frau und meine Kinder täten ihm leid, wozu hat er einen Shell-Atlas im Auto, wenn mich das einen Scheißdreck schere, den könne er dann gleich wegschmeißen.

Da war ich platt, und ich fragte ihn, was ihm einfiele, so mit mir zu sprechen, und dass die Manager von den Konkurrenzverlagen Recht hätten, wenn sie sagten, dass der Marketingvorstand des deutschen Pressegrosso alles besser weiß, und ob er noch richtig ticke, mich so zur Sau zu machen, nur weil er noch kein Navigationssystem im Auto hätte. Dann ist das große Schweigen in der Zigarrenkiste ausgebrochen.

Auf dem nächsten Parkplatz habe ich angehalten und wieder eine geraucht. Ali hat seine ungebügelte Hose und das orangefarbene Hemd von Peek und Cloppenburg ausgezogen, um sich in die Fanklamotten zu schmeißen. Ich sagte zu Ali, er könne hier nicht vor all den Leuten und kleinen Kindern in der Unterhose herumlungern. So ein schamloses Delikt habe Drafi Deutscher, diesen unsäglichen Schlagersänger, vor den Untersuchungsrichter gebracht.

Aber der Grossist wollte nicht hören. Es dauerte unendliche Minuten, bis er sich in die braune Turnhose und das FC St. Pauli-Trikot gewurstelt hatte und wir die Fahrt fortsetzen konnten. Eine Viertelstunde vor Spielbeginn kamen wir am Stadion an. Uli Stemmler und Michael Falter erwarteten uns bereits.

Das Stadion am Tivoli ähnelt dem am Millerntor. Die Fans der Alemannen machten einen unsäglichen Lärm. Die Rufe und Gesänge des braun-weißen Anhangs gingen im Jubel des Heimpublikums unter und wurden mit zunehmender Spielzeit immer kläglicher. Unsere Gastgeber ließen es an Bier nicht mangeln und sprachen uns Trost zu, während die Tore der Schwarz-Gelben wie reife Früchte fielen. In der Halbzeit gingen wir ins VIP-Zelt. Ich trug meine braune St.-Pauli-Kappe. Am Eingang stand der Präsident der Alemannia und begrüßte mich mit Handschlag: »Guten Tag, Herr Littmann, herzlich willkommen!« Ali und seine Kollegen vom Presse-Grosso prusteten los vor Lachen.

»Es ist ein Irrtum, Herr Präsident«, sagte ich, »ich bin Ole von Beust.« Trotzdem wurden wir zu einem Ehrentisch geleitet, weil die Aachener Würdenträger sich gedacht haben mögen, dass Menschen, die zu so einem Spiel fahren, sehr bedeutend sein müssen. Nach 90 Minuten hatten wir unser vorläufig letztes Spiel in der 2. Bundesliga mit 1:4 verloren. Wir ließen den Mini am Stadion stehen und fuhren gemeinsam zum Abendessen.

»Heute abend trinken wir einen«, sagte Ali. »Willst du dich wieder mit mir vertragen?«

»Hand drauf.«

Uli Stemmler und Michael Falter verabschiedeten sich nach dem Essen. Ali und ich fuhren mit dem Taxi zu einem Vorstadthotel, das Ali wegen des günstigen Preises ausgesucht hatte. Nachdem wir die Zimmer bezogen hatten, saßen wir auf den Plastikstühlen des Hotelrestaurants, unmittelbar vor einem Parkplatz, und bestellten ein Bier. Ali trank einen Schnaps dazu und sagte, dass es ein schwieriger Tag mit mir gewesen sei, aber alles gehe einmal zu Ende. Ich sagte zu Ali: »Wenn ich du wäre, dann würde ich nicht mit mir durch die Gegend fahren. Ich nähme eine junge Blondine mit, dann ließen sich Niederlagen und Abstiege besser ertragen. Die würden auch nicht so oft widersprechen wie ich.«

»Es ist alles eine Frage des Preises«, antwortete Ali.

Ali trug noch immer seine Fankluft und ich meine Mütze. Wir saßen unter dem Aachener Sternenhimmel, und der Mond beleuchtete den Parkplatz.

»Was soll nun werden?«, fragte Ali melancholisch.

»Noch mal absteigen werden wir nicht«, sagte ich, »es wird jetzt wieder Siege geben am Millerntor.«

Lange nach Mitternacht brachte der Kellner die Rechnung, und Ali zahlte alles.

KAPITEL 13

You'll never walk alone

Als ich noch jung war, genoss der 1. FC Köln das Ansehen und die bundesweite Bewunderung, die heute dem FC Bayern München entgegengebracht werden. Der 1. FC Köln wurde mit Real Madrid verglichen, die Geißböcke traten in weißen Seidentrikots an, und in der Nationalmannschaft spielten in jenen Jahren unzählige Akteure aus der Domstadt, Hans Schäfer, Hansi Sturm, Georg Stollenwerk, Karl-Heinz Schnellinger, Heinz Hornig, Fritz Ewert, Wolfgang Overath, Wolfgang Weber, Karl-Heinz Thielen, Hannes Löhr, Heinz Flohe und viele andere mehr.

Damals schlug mein Herz für die Geißböcke. Wenn ich selbst nicht am Samstag spielte, fuhr ich mit dem Kadett durch den Westerwald hinüber nach Müngersdorf zur Radrennbahn. Eine Autobahnverbindung gab es noch nicht. Ich musste früh um neun Uhr losfahren, um pünktlich zum Anpfiff anzukommen.

Die Spiele in Köln hatten den Vorteil, dass der FC niemals verlor, wenn ich da war. Die Gastmannschaften bekamen meistens eine Packung, und immer fuhr ich vollkommen euphorisch zurück ins Hinterland und ging dann bei den Sonntagsspielen wie gedopt auf das Feld, wenn wir gegen Gegner wie die Mannschaften aus Friedensdorf, Wolfgruben, Kombach oder Sinkershausen antreten mussten.

1978 wurden die Geißböcke noch ein letztes Mal Deutscher Meister. Am letzten Spieltag mussten sie als Tabellenerster beim FC St. Pauli antreten. Punktgleich mit dem »großen« FC, jedoch um zehn Tore schlechter im Torverhältnis, stand Borussia Mönchengladbach auf Platz 2 und musste ihr letztes Spiel gegen Borussia Dortmund austragen, damals trainiert von Otto Rehhagel. Seit diesem Spieltag, dem 29. April 1978, hat Otto »Torhagel« mitsamt seinen Schwarz-Gelben bei mir verschissen. Die Dortmunder verloren im Düsseldorfer Rheinstadion (dort wurde das Spiel ausgetragen) 0:12, aus welchen Gründen auch immer. Es rankten sich zahlreiche Gerüchte um das Zustandekommen der Niederlage in dieser Höhe.

An Ersatztorhüter Endrulat, den ich später bei Tennis Borussia häufiger sah und der schließlich bei Eintracht Haiger landete, kann es allein nicht gelegen haben. Was hatte Otto seinen Mannen vor dem Spiel oder in der Halbzeit gesagt? Ob die Braun-Weißen, vor dem Spiel gegen den 1. FC Köln bereits abgestiegen, dann Mitleid mit ihrem Gegner hatten, als sie vom Zwischenergebnis im Rheinstadion erfuhren? Jedenfalls gewannen die Geißböcke am Millerntor mit 5:0, und die Tore zwei bis fünf fielen ab der 60. Minute. Der 1. FC Köln war noch einmal Meister geworden, mit Harald Schumacher, Bernd Cullmann, Heinz Flohe, Dieter Müller, aber ohne Wolfgang Overath, den Trainer Hennes

Weisweiler (wie viele andere Stars der Bundesliga) vergrätzt hatte.

Nach dieser denkwürdigen Begegnung am Millerntor kam es zu einer bis heute anhaltenden Fanfreundschaft der Domstädter mit den Anhängern vom Kiez. Fortan besuchten die Anhänger der Rot-Weißen die Auswärtsspiele des FC St. Pauli gegen die Fortunen aus Köln. Denn die Paulianer spielten nun wieder in Liga 2. Im Gegenzug feuerten tausende Pauli-Fans die Geißböcke an, wenn sie im Volksparkstadion gegen den HSV antraten. Legendär sind die Partys, die nach den Spielen stattfanden.

So wuchs mein Interesse am Schicksal des FC St. Pauli seit dem Jahr 1978 ganz enorm. Bis zu dem Zeitpunkt, zu dem ich das Fanlager wechselte, im Jahr 1991, gingen noch einige Jahre ins Land, aber seit dem Kantersieg am Millerntor war der FC St. Pauli der Verein nach dem 1. FC Köln, dem meine Sympathie gehörte.

Auch die Werderaner mochte ich immer. Die spielten einen herzerfrischenden Offensivfußball, oft norddeutsch unterkühlt vorgetragen, fair und bescheiden.

Meine Sympathie nahm rapide nach dem Pokalspiel ab, das die Bremer völlig zu Recht am 25. Januar 2006 am Millerntor mit 1:3 verloren. Die bissigen Kommentare von Klaus Allofs und Thomas Schaaf zu den Platzverhältnissen fand ich beleidigend: Kein Wort der Anerkennung für die kämpferische Leistung des FC St. Pauli. Die Platzverhältnisse und der Schiedsrichter sollten die Niederlage verursacht haben. Zuvor war ich oft nach Bremen zu unseren Auswärtsspielen gefahren, hatte manchmal stundenlang im Stau auf der A 1 ausgeharrt, um meistens punktlos an die Elbe zurückzukehren.

Nie aber gab es schmähende Fangesänge des Werderaner Anhangs im Weserstadion gegen unser Team, immer waren die Spiele fair und meistens auch gut.

Zu den Zweit- und Drittligaspielen gegen den VfL Osnabrück ging ich regelmäßig mit Gisbert Komlossy, einem Geschäftspartner und Freund, der sich in Osnabrück ein kleines Firmenimperium aufgebaut hat und gebürtiger Holländer ist. Von Jugend an politisch links orientiert, hat er seine Überzeugungen nie aufgegeben, und so ist es ganz selbstverständlich, dass er große Sympathien für den »linken« Kultverein am Millerntor hegt. Wenn ich einen Gast mitbringe, dann ist es in unserer Fanclique ganz selbstverständlich, dass er mit uns im »Shamrock« sitzt. Auch Gäste dürfen an unserer Wette teilnehmen und entgegen der Regel auf den Gastverein setzen. Das allerdings kostet den doppelten Einsatz, nämlich vier Euro. Gisbert wettet nie auf einen Sieg seiner lila-weißen Truppe. Er setzt aus Anstand auf ein Remis.

Fahre ich nach Osnabrück, dann fast immer mit Ali auf dem Beifahrersitz. Gisbert hat, wie sich das für seinen Stand gehört, Plätze im VIP-Bereich, doch gehört er nicht zu denjenigen, die den Neureichen heraushängen lassen. Selbst an der Bremer Brücke, der Heimstätte der »Veilchen«, kann er sich kaum für eine einseitige Parteinahme zugunsten des VfL Osnabrück entscheiden. Wenn wir dort in Rückstand geraten, dann tröstet er uns.

Nach unserem Unentschieden im letzten Spiel der

Saison 2006/07 in Magdeburg, das dem VfL Osnabrück den Aufstieg in die 2. Bundesliga bescherte, war Gisbert gerührt über die Leistung des FC St. Pauli, der sich, obwohl bereits als Aufsteiger feststehend, nicht hatte hängen lassen. Selbst »Pelé« Wollitz, Trainer des VfL Osnabrück und in der Regel nicht zimperlich in Kommentaren nach Spielen des FC St. Pauli gegen sein Team, verneigte sich in Richtung Norden.

Sympathiebekundungen werden dem Team und den Fans des FC St. Pauli auch bei Freundschaftsspielen mit Amateurvereinen zuteil. In Kaltenkirchen feierten die Anhänger beider Clubs nach einem 1:8 ebenso gemeinsam ein Fest wie in Elmshorn beim Gastspiel zum hundertjährigen Vereinsjubiläum der Holsatia, in dem einst Ali als Verteidiger in der Jugendmannschaft gespielt hat. Zu solchen Spielen fährt der harte Kern des braun-weißen Anhangs. Es sind feuchtfröhliche Begegnungen, die dann stattfinden und die allein deshalb beliebt sind, weil der Fan sich bei solchen Begegnungen nicht aufregen muss über ausbleibende Tore.

In den seltsamsten Ecken dieser Welt outen sich Anhänger des FC St. Pauli. In der Eisdiele Soost in Rhen, nördlich von Hamburg, hat der Inhaber einen riesengroßen Wimpel des FC St. Pauli aufgehängt. Nicht nur deshalb, sondern vor allem, weil es hier das beste Eis nördlich von Taormina gibt, bin ich dort Stammgast. Vereinswimpel des FC St. Pauli kann man auch in Jens Meyers Pressebüro und in den Vereinsheimen der TS Kaltenkirchen und des VfR Neumünster besichtigen.

Meine Freunde in Eckelshausen, Dautphe, in Wien und in München tragen bei Heimspielen ihrer Vereine die Retter-T-Shirts des FC St. Pauli. Im hessischen Hinterland kenne ich eine Familie, in der bei Fernsehübertragungen von Pokalspielen des FC St. Pauli die gesamte Verwandtschaft in Pauli-T-Shirts vor dem Fernseher saß. Ein junger Mann, Andreas aus Biedenkopf, fährt alle 14 Tage mit dem PKW ans Millerntor zu den Heimspielen und einen Tag später wieder zurück, das sind 900 Kilometer an jedem zweiten Wochenende – alles für den FC St. Pauli. Braun-weiße Sympathisanten habe ich im Death Valley, in San Francisco, in Swakopmund/Namibia und in Marrakesch getroffen und an ihrer Bekleidung erkannt, den Weltpokalsieger-Besieger-T-Shirts, den Retter-T-Shirts und an der Kappe des FC St. Pauli, die sie als Sonnenschutz auf dem Kopf trugen.

Der Traum vieler Spieler der ersten Mannschaft und des Altherrenteams beim SV Eckelshausen ist, dass die Braun-Weißen vom Kiez einmal zu einem Gastspiel in das Waldstadion am Kauerstein kommen. Das will man sich auch etwas kosten lassen. Ob sich dort allerdings die Atmosphäre von St. Pauli herstellen lässt, das wird noch zu beweisen sein.

Im Jahr 2011 feiert der SV Eckelshausen sein hundertjähriges Vereinsjubiläum. Der Vorstand der Schwarz-Gelben und die Sponsoren des Vereins beraten bereits darüber, was so ein Gastspiel kosten darf.

Der FC St. Pauli ist trotz gelegentlich herber Enttäuschungen in den letzten 15 Jahren zu einem der beliebtesten Fußballclubs in Deutschland avanciert. Wer sich irgendwo in Deutschland als Fan des FC St. Pauli zu erkennen gibt, darf mit Sympathiebekundungen rechnen, ausgenommen bei radikalen Anhängern des Hamburger SV oder bei bestimmten Fangruppen in den neuen Bundesländern. Fans des Hamburger SV, die den Fußball lieben, nehmen es ironisch, wenn sie einen Paulianer treffen. Nach und nach werden auch Gastspiele des FC St. Pauli in Jena, Magdeburg oder bei der Eisernen Union in Berlin zu ganz »normalen« Fußballspielen, weil Auswüchse und Randale am Rande von Fußballspielen immer nur von einigen wenigen inszeniert werden.

KAPITEL 14

Fans des FC St. Pauli

Ein Fan des FC St. Pauli hat eine Liebesbeziehung zu seinem Verein. Er gibt sein Herz nicht nur für 90 Minuten. Der Fan des FC St. Pauli bangt Tag und Nacht um seinen Club. Er nimmt ihn mit in den Urlaub, und er träumt manchmal nachts und womöglich sogar tagsüber von großartigen Spielen am Millerntor. Für einen wahren Fan des FC St. Pauli ist jeder Spieltag der wichtigste Tag in der Woche und so, als hätte er ein »Date« mit seiner Liebsten. Doch gelegentlich gehen solche Treffen auch schief, die Liebste (der FC St. Pauli) ist schlecht drauf, und man tut gut daran, seinen Kummer mit Astra zu ertränken, während des »Dates« und danach. Das Spiel beginnt für den Fan nach dem Aufstehen, und es endet für ihn, wenn er sich spät nachts zur Bettruhe begibt.

Der Fan des FC St. Pauli ist kein wandelndes Fußball-Lexikon, aber er kennt die Spieler des Teams, deren Stärken und Schwächen, deren Vorlieben und Abneigungen aus dem Effeff. Der Fan des FC St. Pauli konzentriert sich auf die Liga, in der die Braun-Weißen gerade spielen. Er nimmt andere Vereine und andere Ligen, wenn überhaupt, dann nur am Rande war. Ein Fan des FC St. Pauli muss nicht unbedingt selbst mal gespielt haben, um zu wissen, wo es langgeht auf dem Rasen.

Es soll Fans des FC St. Pauli geben, die von Fußball gar keine Ahnung haben. Ein nicht geringer Teil der Fans des FC St. Pauli trinkt Bier vor dem Spiel, Bier während des Spiels und Bier nach dem Spiel. Die Behauptung, dass »Intelligenz säuft«, wird auf manchen Fußballplätzen der Welt scheinbar widerlegt, allein, am Millerntor könnte sie zutreffen. Die spontane Erfindung witzig-ironischer Schlachtrufe, die Sprüche, die auf dem Weg ins Stadion oder auf der Tribüne in die Runde geworfen werden, die Art, wie ein Spiel von den Zuschauern auf der Gegengeraden und in der Nordkurve inszeniert wird, lassen keinen anderen Schluss zu, als dass sich hier beim FC St. Pauli eine ganz besondere Spezies der Freunde des Fußballs trifft. Das Publikum am Millerntor ist jung, selbst dann, wenn der eine oder andere Zuschauer das Rentenalter bereits erreicht hat.

Vor Spielbeginn wird Rock 'n' Roll am Millerntor gespielt. In der zweiten Hälfte des 20. Jahrhunderts waren Rock 'n' Roll und Fußball in fast allen Regionen der Welt getrennte Veranstaltungen. Nirgendwo in einem Fußballstadion in Deutschland kommen Rock 'n' Roll und Fußball so nahe zusammen wie am Millerntor. Fußball ist Rock 'n' Roll beim FC St. Pauli, Ekstase, Sehnsucht, Schmerz, Trauer, Vereinigung, Spaß, Erfüllung, Glück. Gelegentlich kommt es allerdings vor, dass die Rockmusik am Millerntor besser ist als das Spiel auf dem Rasen.

Der typische Fan des FC St. Pauli geht auch deshalb ans Millerntor, weil er dort nicht mit plumper Aggression oder gar Gewalt konfrontiert wird. Weil ihm der Wunsch nach mehr Gerechtigkeit und grundsätzlicher Fairness im Umgang der Menschen miteinander innewohnt, verhält er sich gastfreundlich und tolerant gegenüber Gästen aus anderen Vereinen der Liga, soweit kein anderes Verhalten provoziert wird.

Das ist das Bild, dass der Fußballkenner in Deutschland von uns Paulianern hat. Und das ist gut so. Auch wenn es auf mich nicht in allen Belangen zutrifft. Denn im Grunde meines Herzens bin ich auch nur ein ganz normaler Fußballverrückter, dem eine kleine Benachteiligung des Gegners, ein geschenkter Elfmeter, ein übersehenes Abseits oder eine ungerechtfertigte Rote Karte auf Kosten unserer Kontrahenten keine schlaflosen Nächte bereiten.

Die Fangruppen des Vereins pflegen Freundschaften zum 1. FC Köln, zu Celtic Glasgow, 1860 München und Wacker Burghausen. 2.000 mitgereisten Zuschauern aus Burghausen, die mitsamt ihrem Bürgermeister aus Oberbayern angereist waren, bereiteten die Anhänger des FC St. Pauli einen unvergesslichen Empfang. Bei jedem Spiel des 1. FC Köln in Hamburg oder bei einem Gastspiel unseres Teams in Köln feiern Fangruppen beider Clubs gemeinsam Partys. Regelmäßig besuchen Fanclubs des FC St. Pauli die Spiele des schottischen Abonnementmeisters Celtic, und im Gegenzug wird das Millerntor von unseren katholischen Freunden besucht. Bei Heim- und Auswärtsspielen trifft man darüber hinaus St. Pauli-Anhänger aus den unterschiedlichsten Regionen Deutschlands und Europas. Insofern erfüllt sich das »You'll never walk alone« für Spieler und Zuschauer des FC St. Pauli gleich in mehrfacher Hinsicht.

Ein arabischer Fan fliegt regelmäßig aus Dubai zu den Heimspielen des FC St. Pauli ein. Zu den »großen« Spielen des FC St. Pauli reisen die Glasgower Freunde in Fangruppen an und stehen in ihren grün-weiß gestreiften Jerseys in der Nordkurve. Manche FC-St.-Pauli-Fans tragen zu den Heimspielen am Millerntor statt Braun-Weiß einfach Grün-Weiß, und jeder Insider im Stadion weiß, dass Celtic und der Club vom Millerntor untrennbar miteinander verwoben sind.

Grün-weiß: Das sind auch die Lieblingsfarben meines Freundes Wolfgang Rick aus Wien. Er hat mir in seiner Heimatstadt die Schauplätze aus den Songs der Wiener Liedermacher gezeigt, das Szene-Café Hawelka, das Georg Danzer in »Jö schau« besang, den Zentralfriedhof, den Wienerwald und die »Unterwelt« der Wiener Kanalisation. Er lebt und leidet mit dem SC Rapid Wien, doch wenn er nach Deutschland schaut, hängt sein Herz am FC St. Pauli. Er versäumt kein Spiel, das im Fernsehen übertragen wird.

Seine Sympathie für die Elf vom Millerntor ist so stark ausgeprägt, dass er, wenn ich mit ihm zu seinen Grün-Weißen gehe, das St. Pauli-Retter-T-Shirt trägt. Mindestens dreimal pro Saison kommt er ans Millerntor. Selbst zu Trainingsspielen des FC St. Pauli in Österreich ist er einst hingefahren. Wir telefonieren nach jedem Spiel unserer Mannschaften und meist auch in den Halbzeiten. Wolfgang Ricks Sohn ist, wie sein Vater, sowohl vom

Rapid- als auch vom Millerntor-Fieber gepackt, sitzt im Weltpokalsieger-Besieger-T-Shirt in der Schulbank und erhöht somit den Bekanntheitsgrad des Clubs vom Hamburger Kiez in den Wiener Lehranstalten.

Im Bonzenblock sitzt im Rhythmus von 14 Tagen ein Ehepaar aus München, um die Rituale auf den Tribünen und dem Rasen zu beobachten, weil es diese Stimmung eben nur am Millerntor gibt. Bei den Sechzigern gab es so etwas vielleicht früher einmal, und als FC-Bayern-Fan lebt man ohnehin in einer anderen Welt. Niemand siegt am Millerntor.

Ein bisschen abseits unserer Shamrock-Fanclique nimmt gelegentlich der Verleger einer großen Hamburger Verlagsgruppe mit seiner Familie Platz. Er ist kein klassischer Fußballfan, verfolgt aber das Geschehen und hegt Sympathien für den FC St. Pauli. Im Grunde nämlich hat auch mancher Unternehmer ein Herz für die Schwachen und für Menschen, die nicht in die üblichen Klischees passen. Da gefällt es, dass es am Millerntor anders ist als in anderen Fußballstadien. Es wird kein Wert gelegt auf Business-Seats, Komfort, Champagner und Schnittchen in der privilegierten Loge. Trifft man diesen Verleger im Stadion, dann ist er einer unter vielen Fans des FC St. Pauli, und er genießt das. Er freut sich, wenn die Wurst schmeckt und dass das Bier die richtige Temperatur hat. Am Spiel und den Spielern kann er sich begeistern, selbst dann, wenn wir nicht auf der Siegerstraße sind. Zweifel an den technischen Fähigkeiten eines Spielers äußert er verhalten und ironisch lächelnd. Umso begeisterter zollt er Beifall, wenn einem Ballzauberer ein Kabinettstückchen gelingt. Er liebt das schnelle Spiel nach vorne, Angriffe, die über die Außen vorgetragen werden.

Ein endloses Herumgekicke und Ballgeschiebe im Mittelfeld sind seine Sache nicht, kein Wunder, dass Psychologen im Fußballspiel ein Sinnbild unserer Gesellschaft und Arbeitswelt sehen.

Überhaupt scheint an manchen Spieltagen das Millerntor-Stadion ein Treffpunkt der Hamburger Verlags- und Werbeszene zu sein. Unabhängig von der inhaltlichen Ausrichtung ihrer Bücher oder Zeitungen und ihrer jeweiligen Position in den Unternehmen findet man die Fans aus der Print- und Medienwirtschaft sowohl auf Stehplätzen wie im Bonzenblock. Der Bonzenblock wird von Teilen der Pauli-Fans auch Kuchenblock genannt, weil das noch etwas despektierlicher klingt. Dabei sitzen in Wirklichkeit die harten Trinker mit im Bonzenblock. Denn eingeklemmt auf den unteren Stehplätzen kann das Bierholen zu einer schweißtreibenden, mühseligen Angelegenheit werden. Da ist man im Bonzenblock näher an der Quelle.

Es gibt jedoch in Hamburg auch Freunde des Fußballs, die noch nie am Millerntor waren. Der neue Chef des Hamburger Literaturhauses wurde von mir bisher nicht am Millerntor gesichtet. Er ist Sechziger seit Geburt und hat zahlreiche Anthologien über Fußball veröffentlicht. Und er ist der einzige Mensch, den ich kenne, der stolz darauf ist, einmal Schieds- und Linienrichter gewesen zu sein. Insbesondere seine Berufungen an der Außenlinie pflegt er regelmäßig und dramatisch darzustellen. Womöglich hat er aus dieser Leidenszeit eine Phobie gegen klassische Fußballstadien entwickelt, denn am Millerntor bleiben dem Schiedsrichterassistenten die Schmähungen der Zuschauer auf den unteren Rängen nicht verborgen.

Lädt man Gäste ans Millerntor ein, die die Besonderheiten des Umfelds nicht kennen, so fürchten sie sich manchmal vor dem vermeintlich »gefährlichen Terrain«. Sie denken dann an den hohen Bierkonsum, die zahlreich zu Markte getragenen Tätowierungen, die Präsenz der Drag-Queen vom Kiez und an manch andere Kuriositäten, die es eben nur hier gibt.

Auch die Motive der in den Fanblocks geschwenkten Fahnen lassen für fußballerische Laien gelegentlich den Schluss zu, auf einer Demonstrationsveranstaltung der späten sechziger Jahre gelandet zu sein.

Fußball beim FC St. Pauli und die Inszenierung, die Teile der Fans daraus machen, sind oft auch ein bisschen politisch. Immer mal wieder sieht man Transparente wie »Solidarität mit dem Streik der Lokführer« oder »Bild ist Scheisse«. Allerdings überwiegen Treueschwüre auf den Verein und witzige Sprüche wie: »You'll never walk alone«, »Venceremos«, »Nie ohne Stani«, »Unser Herz ist Braun-Weiß«, »Wir sind dabei: Auch in der vierten Liga«, »Manzi, komm zurück!«, »Der Kiez lebt«, »Vorne fallen die Tore« …

Nicht selten trifft man in Hamburg »Zugezogene« wie mich, deren Herz für den FC St. Pauli schlägt, obwohl sie gleichzeitig noch immer ihrem angestammten Heimatverein anhängen. Ganz außergewöhnlich für Hamburger Fußballverhältnisse sind dagegen Fans, die ihr Herz gleich zweimal hier in der Hansestadt verloren haben. Begründet wird das in fast allen Fällen damit, dass man zuallererst Hamburger Jung oder Hamburger Deern ist. Mein Freund Andy, der von Beruf Journalist ist, gehört zu diesen seltenen Zeitgenossen.

Seine Vorliebe für den HSV steht seiner zweiten Liebe zum FC St. Pauli nicht im Wege. Dass er von Fußball etwas versteht, wurde dadurch klar, dass er beim Heimspiel des FC St. Pauli gegen den VfL Osnabrück, das von dem Betrüger-Schiedsrichter Robert Hoyzer verpfiffen wurde, sofort den Verdacht äußerte, der Schiedsrichter könne nur bestochen sein. Ich konnte das nicht glauben und dachte, der Schiedsrichter sei einfach nur schlecht.

Viele Monate später kam dann die Wahrheit ans Licht. Andy hatte Recht behalten. (Der Gauner Hoyzer hat den FC St. Pauli auch noch ein zweites Mal betrogen, als er im November 2005 bei einem Spiel in Braunschweig zwei reguläre Tore für den FC St. Pauli nicht gab.) Nun lebt Andy in Südafrika. Wahrscheinlich hat er nach der letzten Saison des Hamburger SV die Konsequenzen gezogen. Vielleicht wollte er sich das nicht länger ansehen. Mit ihm war es immer lustig am Millerntor – und auch dann, wenn wir mal gemeinsam zum HSV gegangen sind.

Auf der Farm Burgsdorf, nahe Maltahöhe, in Namibia, lernte ich den HSV-Fan Uwe Rahn kennen. Mit dem gleichnamigen ehemaligen Profi hat er nichts zu tun. Uwe Rahn ist in Namibia geboren. Gemeinsam mit seinem Bruder, Inhaber des einzigen Hotels in Maltahöhe, hat er dort einen HSV-Fanclub gegründet. In Namibia können die Bundesligaspiele und DFB-Pokalspiele per Satellit empfangen werden. Nachdem Uwe Rahn auf seiner einsamen Hochebene die siegreichen Pokalspiele des FC St. Pauli gegen Hertha BSC und Werder Bremen gesehen hat und ich ihn eine Nacht lang über die Verhältnisse am Kiez ins Bild gesetzt hatte, ist er vom HSV zum FC St. Pauli übergelaufen. Ich habe ihm ein Weltpokalsieger-Besieger-T-Shirt geschickt, und das zieht er nun jeden Freitagabend beim HSV-Stammtisch auf der Maltahöhe an.

Den Millerntor-Roar habe ich nicht nur bis in die ehemalige Kolonie Deutsch-Südwestafrika gebracht, sondern auch in mein Heimatdorf im hessischen Hinterland. Dort ist ein Fanclub in der Gründung begriffen. Die Mehrzahl der Fans in Eckelshausen ist mit T-Shirts unseres Clubs ausgestattet. Gewinnt der FC St. Pauli ein bedeutendes Spiel im Pokal, dann erhalte ich nach dem Spiel manchmal 20 SMS oder E-Mails von Freunden und Geschäftspartnern außerhalb Hamburgs. Und Jahr für Jahr schickt mir ein Kollege aus einem großen deutschen Verlagshaus zu Weihnachten eine Packung mit sechs Christbaumkugeln in Braun und Schwarz mit dem Totenkopfemblem.

Ein Fußballverein, der so viele Fans, Freunde und Sympathisanten hat wie der FC St. Pauli, müsste seine »Feinde« im Prinzip nicht fürchten. Aber es gibt sie, und wenn sie ans Millerntor kommen, setzen diese Fans ihre Abneigung gegen den »linken« Kultclub auch wirksam in Szene. Wenn man bedenkt, dass in Städten wie Dresden, Chemnitz und Rostock die Menschen, die sich in ihrer Freizeit dem Fußball verschrieben haben, in der Mehrzahl weder gewaltbereit noch rechtsradikal sind, selbst wenn man weiß, dass es sich bei Hooligans und Rechtsradikalen immer nur um Minderheiten und Randgruppen handelt und dass es für diese Außenseiter der Gesellschaft Ursachen gibt, die nichts mit dem Fußball zu tun haben, dann ist es beängstigend, ja erschütternd, wie und in welcher Anzahl solche Gruppen agieren.

»Wir bauen eine U-Bahn nach Auschwitz«, sangen hunderte Chemnitzer Fans beim Verlassen des Stadions am Millerntor und randalierten anschließend auf dem Kiez.

Bereits bei der Anreise hatten sie im Stadtteil St. Georg die Obstkisten türkischer Gemüsehändler auf die Bürgersteige ausgekippt. Beim nächsten Gastspiel des Chemnitzer FC entstand, unter Abschießen von Böllern und dem Werfen von Stinkbomben, ein Fahnenmeer mit rechtsradikalen Symbolen. Auch die Chemnitzer Gästespieler auf dem Rasen, die mit diesem Gedankengut nichts zu tun haben, schauten betreten und kopfschüttelnd zu Boden, während einzelne Zuschauer voller Abscheu das Stadion verließen und sich über die Tatenlosigkeit der Sicherheitskräfte empörten.

Wer den Mut hat, als Fan des FC St. Pauli nach Rostock oder Dresden zu fahren, ist gut beraten, sich dort gegenüber den Gruppen der gewaltbereiten Fans nicht als Anhänger des FC St. Pauli zu »outen«. Da wäre es schon angesagt, dass der Präsident des DFB, Dr. Theo Zwanziger, und dessen Vorstandskollegen gemeinsam mit den zuständigen Ordnungskräften noch wirksamere Zeichen gegen Rechtsradikalismus und Gewalt in den deutschen Stadien setzen. Die bisher getroffenen Massnahmen reichen jedenfalls nicht aus.

Niederlagen und Enttäuschungen hinzunehmen, das fällt jedem Fan schwer. Wo Fußball jedoch schon im Vorfeld von Spielen als gewalttätiger Auftritt geplant und inszeniert wird, ist aktives Handeln angesagt. Gewalt hat im Fußball nichts zu suchen. Fußball ist Spaß und Leidenschaft am Spiel, und es ist nicht nur das. Es ist ein gemeinschaftliches Fest, es ist Identifikation pur, es ist der Wunsch, die eigene Mannschaft – und damit ich selbst – möge gewinnen. Es beginnt damit, dass ich nicht will, dass ein Spiel ausfällt. Wenn es tagsüber stürmt oder schneit, bin ich in Sorge, das Spiel könne vielleicht ausfallen. Das war in meiner Kindheit und Jugend, als ich selbst spielte, nicht anders.

Ein Wochenende ohne Fußball, das war kein schönes Wochenende. Meine Lieblings-Wochentage waren die, an denen ich Fußball spielte. Vor den Spielen putschte ich mich auf mit Songs der Beatles, der Kinks und der Stones, lag dabei mit geschlossenen Augen auf der Schlafcouch in meinem Zimmer und stellte mir vor, wie das Spiel laufen würde, langer Pass von Siggi auf Halblinks, und ich war durch und haute den Ball ins gegnerische Tor. Vor den

Spielen konnte ich nichts essen. Ich fuhr viel zu früh zu den Plätzen, egal, ob wir ein Heim- oder Auswärtsspiel hatten. Wenn ich nicht wie in den Jugendmannschaften und später beim BFC Südring Kapitän war, lief ich immer als Letzter auf, weil ich dachte, es bringt Glück. Während des Spiels sang oder summte ich die aktuellen Hits vor mich hin, »Eight days a week«, »Help«, »She loves you« und »Waterloo Sunset«. Einmal fragte mich ein Gegenspieler bei einem Jugendspiel, ob ich ein Rad ab hätte.

Vieles ist bis heute so geblieben, auch wenn ich nach dem Kreuzbandriss und den Meniskusverletzungen in beiden Knien seit meinem 30. Lebensjahr nicht mehr aktiv gespielt habe. Geblieben sind die Aufregung, die unbändige Freude bei einem Tor für den FC St. Pauli, das lange andauernde Glücksgefühl nach einem Sieg oder die Trauer nach der Niederlage. Wo immer ich mich bei privaten oder geschäftlichen Reisen herumgetrieben habe, bin ich zum Fußball gegangen, als Nato-Soldat auf Kreta ins Stadion von Chania, zur Istanbuler Stadtmeisterschaft, zu Ajax Amsterdam, Sparta Rotterdam, Dukla Prag, AS Livorno, dem FC Volendam, Real Mallorca, Tottenham Hotspurs, FC Liverpool, dem FC Aarau. Ich kann einen ganzen Tag bei einem Jugendturnier verbringen, ohne dass es mir langweilig würde, und auch ein Spiel zweier B-Klassenmannschaften im Verzasca-Tal genießen.

Doch nirgendwo ist Fußball so wie am Millerntor beim FC St. Pauli. Das wird jeder Fußball-Fan für seinen Verein behaupten. Der Unterschied aus meiner Sicht ist nur: Für den FC St. Pauli stimmt es.

KAPITEL 15

Meine Fußballhelden

Die großen Stars des Fußballs, die Lieblinge der Fans, sind die Ballzauberer, die Stürmer und die Goalgetter.

In meiner Kindheit war beim SV Eckelshausen Hermann Fischbach, der Dorfbäcker, unser Halblinker, mein Lieblingsspieler. Wie er wollte ich damals Bäcker werden. In unserem 800-Seelen-Dorf war er täglich in der Backstube seines Vaters zu besichtigen. Er sprach mit mir über Fußball, als sei ich ein Erwachsener. Auf dem Platz kämpfte und rackerte er von der ersten bis zur letzten Minute. Hermann Fischbach war hinten wie vorne zu finden. Er spielte fair und dynamisch, immer war er unterwegs, und meistens nach vorne. Er konnte mehrere Gegner umspielen, flanken aus allen Positionen, und er hatte einen starken Schuss, links wie rechts.

Wenn ich einen Menschen nennen sollte, dem Fußball wahrscheinlich noch mehr bedeutet hat als mir, dann wäre das Hermann Fischbach, das Idol meiner Kindheit.

Unter anderen Voraussetzungen, in einer anderen Zeit, hätte Hermann Fischbach auch als Profi im Fußball seinen Weg gemacht. In einem Atemzug mit dem Bäcker-Hermann muss Helmut Dersch, der damalige Mittelstürmer des SVE, genannt werden. In seiner Glanzzeit, Ende der fünfziger Jahre, verkörperte er den Mittelstürmer englischen Stils, schlank und athletisch setzte er sich am und im Strafraum durch und bombte aus allen Lagen. In jenen Jahren war Helmut, der später mein Freund wurde, wortkarger und distanzierter als der Bäcker-Hermann. Er machte nicht viel Federlesens um sich, aber auf ihn war Verlass, er war geradeheraus und auch nicht zimperlich im Austeilen. Für Helmut Dersch stand der Fußball ganz im Mittelpunkt seines Lebens. So wie ich ihn früher als jugendlicher Zuschauer bewundert hatte, versäumte er kein Spiel der Schwarz-Gelben des SVE, als ich in der ersten Mannschaft auflief. Und genau wie die Söhne von Hermann Fischbach, Gerd und Dieter, sind Helmuts Sohn Burkhard und Enkel Sascha herausragende Spieler des SVE geworden.

Im »großen« Fußball war mein allererster Lieblingsspieler Hans Schäfer vom 1. FC Köln. Er entsprach vom Typ her dem Eckelshäuser Bezirksklassenspieler Hermann Fischbach und spielte wie jener entweder Halblinks oder Linksaußen. Als zweitjüngster Spieler nach Horst Eckel war Hans Schäfer Mitglied der Wunderelf von Bern, die die erste Fußball-Weltmeisterschaft für Deutschland gewann. Auch an den Weltmeisterschaften 1958 in Schweden und 1962 in Chile nahm der Kapitän der Geißböcke teil. Zu Beginn der sechziger Jahre wurde mein Idol sowohl in der Nationalmannschaft als auch in Müngersdorf nach und nach von Wolfgang Overath abgelöst. Overath war ein filigraner Techniker am Ball, ein perfekter Mann für Standards, Flanken und Freistöße. Aber mehr als jeder andere deutsche Spieler seiner Zeit war er auch ein mit allen Wassern gewaschener Zweikampfspieler, der nie aufgab. Overath und dessen Weg habe ich als Fan begleitet, seit er zum ersten Mal im Trikot mit dem Geißbock-Emblem auf der Brust aufgelaufen ist.

Ein anderer meiner Lieblingsspieler der sechziger Jahre war Luigi Meroni vom AC Turin. Er spielte auf Rechtsaußen in den Europacup-Spielen der Turiner gegen den TSV 1860 München und war nach meiner Erinnerung der erste Langhaarige im Profifußball. Meroni verlor sein Leben durch einen Verkehrsunfall. Noch heute gibt es einen Fanclub Meronis in Italien, der im Internet zu finden ist.

Der Fußball hat sich geändert und ist mehr denn je ein Geschäft geworden. Nur selten verbringt heutzutage ein Profi seine gesamte Laufbahn bei einem einzigen Verein. Darunter leidet die Identifikation des Zuschauers mit seinem Verein und dem Spieler. Wo Spieler in einem Verein keine Heimat mehr haben, fühlt sich auch der Fan nicht zu Hause. So sind die legendären Figuren des FC St. Pauli für mich dann vor allem auch diejenigen, die dort längere Zeit gespielt haben.

Ich kann nicht beurteilen, ob der FC St. Pauli vor meiner Zeit als Fan und Mitglied noch bessere Torhüter hatte. Volker Ippig kannte ich aus einem Sportstudio-Interview. Da trug er Bauarbeiter-Schuhe. Ich wusste, dass er mit dem Fahrrad zum Training kam und mit den Hausbesetzern von der Hafenstraße sympathisierte. Das genügte, um mich für ihn einzunehmen, als ich noch gar kein bekennender Paulianer war. Ippig, der am Millerntor schon Kult war, als es den FC-St.-Pauli-Kult noch gar nicht gab, hatte ein Praktikum in einem Kinderheim für Behinderte absolviert und war 1984 als Aufbauhelfer in Nicaragua gewesen. Als Spieler sah ich ihn dann noch »live«, und später auch als Spielertrainer eines Bezirksligaclubs in Holstein. Da wirkte er noch genauso fußballverrückt wie in seinen besten Tagen als Profi – und er spielte nun Mittelstürmer. Simon Henzler war kein schlechter Torhüter. Carsten Wehlmann hätte eine erfolgreichere Karriere beschieden sein können, wenn er nicht zum HSV gegangen wäre. Dort ließ man ihn auf der Bank versauern.

Hollerieth? Ein Keeper ohne Fehl und Tadel, und dennoch vergessen, seit er den FC St. Pauli mit unbekanntem Ziel verließ.

Mein Lieblingsspieler der ersten Fan-Jahre beim FC St. Pauli war kein anderer als Klaus Thomforde. Sie nannten ihn »das Tier im Tor«. Er kam vom SC Bremervörde und war vor seiner Profikarriere Beamter einer Landesbehörde in Niedersachsen gewesen. »Klaus, Klaus, Klaus«, hallte es von den Rängen, wenn der lang aufgeschossene Torhüter der Braun-Weißen zum Warmmachen auflief. Klaus hielt, wenn es gegen die großen Gegner ging, wie ein Weltmeister. Dann schien er auf der Linie unschlagbar. Er hatte großartige Reflexe. Doch es passierten ihm auch Flüchtigkeitsfehler, die manchmal haarsträubend waren. Zum Glück kam das nicht oft vor.

Eine Schwäche war, dass er bei Rückgaben oft nicht wusste, ob er den Ball mit der Hand aufnehmen durfte oder nicht. Wahrscheinlich war Klaus Thomforde so mit sich selbst beschäftigt, dass er nicht wusste, ob der Ball vom eigenen Spieler oder von einem Gegner kam. Unvergesslich ist die unbändige Freude über sich selbst, wenn er einen Ball besonders gut gehalten hatte. Dann ballte er beide Fäuste vor seinem Oberkörper und schüttelte sie. Von einem Reporter befragt, was in solchen Situationen in ihm vorgehe, antwortete Klaus Thomforde, jungenhaft grinsend: »Da geht mir einer ab.«

Auf der Tribüne oder am Spielfeldrand ist Klaus Thomforde ein zurückhaltender, aber freundlicher Zeitgenosse. Seine Frau, die er in der Fanszene des FC St. Pauli kennengelernt hat, gab ihren Söhnen aus Bewunderung und Liebe zum großen Klaus allesamt den Vornamen Klaus. Klaus Thomforde hat nach seiner Karriere eine Ausbildung als Sportfachwirt abgeschlossen und arbeitet seit dieser Zeit als Torwarttrainer.

Zwei wie Pech und Schwefel (Headline der »Hamburger Morgenpost«), Stani und Truller: Holger Stanislawski, heutiger Trainer und Manager des FC St. Pauli, kam aus einem Hamburger Amateurverein ans Millerntor, und da ist er bis heute geblieben. Die gegenwärtige Diskussion um seine Zukunft als Trainer infolge der fehlenden Lizenz ist eine Farce, wenn man weiß, was ansonsten in vergleichbaren Situationen im DFB alles möglich ist.

Seine Spielweise ist im positiven Sinne charakteristisch für alle Helden des FC St. Pauli. Stani, wie so viele seiner Zunft, war als Jugendlicher ein erfolgreicher Stürmer. Die Höhepunkte seiner Karriere als Profi erreichte er jedoch als verbissener Kämpfer und Abwehrstratege in der Defensive. Er gab immer alles, war hart im Tackling, konditionsstark, kopfballstark und antrittsschnell.

Mit Holger Stanislawski als Trainer wäre der FC St. Pauli in der Zweitliga-Saison 2007/08 unabsteigbar. Dass infolge der fehlenden Scheine nun André Trulsen aushelfen kann, ist eine ideale Lösung. Denn im gleichen Atemzug wie Holger Stanislawski muss André Trulsen genannt werden. In seiner aktiven Zeit gehörte er zu den stärksten Außenverteidigern in ganz Norddeutschland. Ballsicherheit, Kopfballstärke, Härte und Gefährlichkeit bei Standards vor dem gegnerischen Tor prägten seine Spielweise. Trulsen kam 1986 vom SV Lurup ans Millerntor und erlebte vier Aufstiege des FC St. Pauli, zwei davon als Spieler (1988 und 1995) und zwei als Trainer. Ein kurzes Zwischenspiel führte ihn zum 1. FC Köln, wo er sich aufgrund einer Verletzung jedoch nicht durchsetzen konnte. Seit 2005 arbeitet er als Co-Trainer am Millerntor.

Im Temperament Klaus Thomforde nicht unähnlich, wirkt André Trulsen außerhalb des Stadions wie ein großer Junge, freundlich, zurückhaltend, bescheiden. Hätte es den Trainer Stani am Millerntor nicht gegeben, dann wäre Truller schon immer mehr als nur ein Ersatz gewesen. Von außen betrachtet will es scheinen, dass sich der Geist und der Charakter des Trainergespanns in der Aufstiegssaison 2006/07 auf das Team des FC St. Pauli übertragen hat. Thomas Meggle, aus München an den Kiez emigriert, hat große Spiele am Millerntor abgeliefert, als Spielgestalter und als ehemaliger Kapitän.

Nach seiner Rückkehr aus Rostock gab es eine schwächere Phase. Nahtlos fügt er sich inzwischen in seine neue Rolle als defensiverer Mittelfeldspieler. In den entscheidenden Spielen der Aufstiegssaison war er einer derjenigen, die hinten und vorne aushalfen und das Spiel immer wieder nach vorne trieben. Thomas Meggle bekennt sich mit Leib und Seele zum FC St. Pauli. Er hat dem Verein und seinen Fans stets alles gegeben.

Das gilt auch für Marcel Rath, der inzwischen in der Versenkung verschwunden ist. »Kampfschwein« war sein Spitzname, und Marcel Rath war einer der letzten klassischen Mittelstürmer, die man am Millerntor gesehen hat. Mit ganz anderen fußballerischen Talenten ist der aktuelle Kapitän des FC St. Pauli, Fabio Morena, gesegnet. Es spricht für die Ignoranz der Scouts des Profifußballs, dass er bislang nicht von einem reicheren Klub weggekauft wurde. Denn Morena ist ein perfekter Defensivspieler, ein großartiger Techniker mit einem glänzenden Stellungsspiel, und ein vorbildlicher Kapitän. Die konstanteste Leistung der zurückliegenden Runde in der dritten Liga unter den Spielern des FC St. Pauli aber weist wohl Marcel Eger auf. In jedem Spiel schien er als Verteidiger unbezwingbar, bei Tempogegenstößen der Gastmannschaften war er oft genug die letzte Rettung.

Nicht zu vergessen Florian Lechner, sein süddeutscher Landsmann, ein Wiesel auf der rechten Außenbahn, ein knüppelharter, bissiger Verteidiger vor dem Herrn, Weitwerfer, Freistoßspezialist und in seiner Offensivkraft unverzichtbar für den FC St. Pauli, jetzt und in den kommenden Jahren.

Und überhaupt: Wie könnte man das Team des FC St. Pauli der Saison 2006/07 je vergessen? Sie alle waren und sind Helden. Das war die beste Mannschaft, die seit vielen Jahren die Farben des FC St. Pauli vertrat: Patrik Borger, Benedikt Pliquett, Timo Reus, Florian Lechner, Ian Joy, Fabian Boll, Marcel Eger, Fabio Morena, Thomas Meggle, Charles Takyi, Carsten Rothenbach, Felix Luz, Hauke Brückner, Michel Mazingu-Dinzey, Florian Bruns, Marvin Braun, Achmet Kuru, Jeton Arifi, Daniel Stendel, Morike Sako.

Dann bleiben die, die in alle Winde zerstreut sind, Spieler, die man nicht vergisst und die den FC St. Pauli hoffentlich nicht vergessen haben: Zlatan Bajramovic (Schalke 04), Ivan Klasnic (Werder Bremen), Robert Palikuca (Fortuna Düsseldorf), Deniz Baris (Fenerbahce Istanbul), Florian Gerber (FSV Mainz 05), Marcus Marin, Alexander Meier (Eintracht Frankfurt) und viele andere mehr. Für sie gilt, dass sie nie wieder so siegen werden wie am Millerntor. Vielleicht deshalb kehrte Ralf Gunesch vom FSV Mainz 05 nun zurück zum FC St. Pauli.

KAPITEL 16

Fußball als Heimat

Als ich zum ersten Mal in einem schwarz-gelben Trikot einer C-Jugendmannschaft des SV Eckelshausen auflief, hatte ich schon unzählige Bolzspiele auf dem Lahnsportplatz oder im Garten meines Elternhauses hinter mich gebracht. Mein Großvater Heinrich, der mit meinen Eltern, Geschwistern und mir in einem Haus lebte und eine für damalige Verhältnisse hohe Rente bezog, mochte zwar Turnen und Leichtathletik lieber als Fußball, aber er förderte mein Hobby. Er schenkte mir einen Lederball, und deshalb durfte ich mit den älteren Jungen spielen. Einen Lederball hatten nämlich nicht viele im Dorf. Ich gehörte auch zu den ersten Jungen meines Alters im Dorf, die eigene Fußballschuhe hatten. Es waren Schuhe mit Schraubstollen der Marke Adidas. Der Ball und die Fußballschuhe waren mein wertvollster Besitz.

In der ersten Nacht nach dem Kauf der Fußballschuhe ließ ich die Treter auch nachts im Bett an. Im ersten Punktspiel meines Lebens war ich als rechter Außenläufer aufgestellt. »Du bist der Eckel«, sagte der zuschauende Vereinsvorsitzende Heinrich Nassauer zu mir und meinte natürlich Horst Eckel, den 54er Weltmeister. Ich wollte »der Eckel« nicht sein, dann schon lieber »der Schäfer« auf Linksaußen, ebenfalls Weltmeister und mein Lieblingsspieler vom 1. FC Köln. Aber weil ich mit Dieter Assmann (im Tor), Heinz Soldan und Siegfried Lenz einer der Jüngsten in der Mannschaft war, fügte ich mich meinem Schicksal. Aufgrund damaliger Regelungen konnte ich einige Jahre später samstags sowohl in der C-Jugend als auch in der B-Jugend spielen, weil die Partien zu unterschiedlichen Zeiten ausgetragen wurden. So spielte ich zunächst mit Heinz und Siggi in der C-Jugend als Mittelläufer und anschließend mit ihnen und Dieter in der B-Jugend als Mittelstürmer. Die Stutzen wurden mit den Gummiringen der Einweckgläser befestigt. Im rechten Stutzen trug ich wegen meiner langen Haare immer einen Kamm.

Wahrscheinlich war ich damals und vielleicht bin ich bis heute der einzige Spieler in Deutschland, der sich während des Spiels gekämmt hat. Das tat ich weniger aus Eitelkeit, sondern vielmehr deshalb, weil ich sonst nichts mehr gesehen hätte. Es wurde meistens auf Rotasche gespielt. Die Haare waren nach fünf Minuten wie aus Beton und hingen mir in Strähnen ins Gesicht.

In der schwarzen Turnhose trug ich immer ein sauberes Taschentuch und an den Fingern der linken Hand drei Freundschaftsringe aktueller oder ehemaliger Freundinnen. Das war damals erlaubt. Und außerdem war ich abergläubisch. Fußball war für mich eine Beschäftigung, in der ich für 90 Minuten, und eigentlich auch in der Zeit unmittelbar vor und nach dem Spiel, alles andere vergessen konnte: Auseinandersetzungen mit den Eltern, Schwierigkeiten in der Schule, Liebeskummer.

Ich kann mich nicht erinnern, als Spieler vor einem Spiel jemals mit einer Niederlage gerechnet zu haben. Ich wollte immer gewinnen, und ich dachte, dass das geht. Eine Auswechselung wäre für mich einer Bestrafung gleichgekommen.

In meinem Fußballerleben ist das ein- oder zweimal passiert. Leichte Blessuren oder Verletzungen vor Spielen verschwieg ich den Trainern. Selbst wenn ich im Spiel schwerwiegender verletzt wurde, habe ich versucht, mir das nicht anmerken zu lassen. Vom Platz genommen wurde ich als erwachsener Fußballer nur zweimal, im Katzbachstadion des BFC Südring, und zwar vom Schiedsrichter, in beiden Fällen wegen Schiedsrichterbeleidigung.

Fußballspielen bedeutet 90 Minuten totale Konzentration auf das Spiel und den Ball, auf die zugeteilte Aufgabe, den Gegner nicht zur Entfaltung kommen zu lassen, ihn bei der Ballannahme zu stören, oder die Aufgabe, den Ball an einen Mitspieler weiterzuspielen oder sich einen Ball schneller zu erlaufen als der Gegenspieler. Der Fußballspieler nimmt Zuschauer nur als Kulisse wahr. Er erledigt seine Aufgaben, die früher begrenzter und individueller gestellt wurden. Unzählige Meter legt ein Spieler während der 90 Minuten zurück, ohne direkt ins Spiel einzugreifen, ohne in den Besitz des Balls zu kommen.

Je niedrigklassiger eine Mannschaft angesiedelt ist, umso weniger Spieler nehmen entscheidenden Einfluss auf die Entwicklung des Spiels. In den unteren Klassen spielten in früheren Jahren viele Fußballer, die den heutigen Anforderungen des schneller gewordenen Spiels aufgrund ihrer fehlenden Grundschnelligkeit und Athletik gar nicht mehr gewachsen wären. Mehr denn je ist Fußball heute ein Laufspiel.

Die puren, reinrassigen Techniker, prädestiniert für Freistöße, Ecken und Flanken aus dem Stand, hätten im heutigen kampf- und laufbetonten Spiel kaum noch die Bedeutung, die sie einst hatten. Allein mit Eleganz und Technik ist heute auf dem Fußballplatz kein Blumentopf mehr zu gewinnen. Im modernen Fußball ist jeder Spieler ständig unterwegs. Es gilt, möglichst viele Spieler in Ballnähe zu bringen, um in Ballbesitz zu kommen. Der lange, das Spiel öffnende Pass, der Flügellauf des klassischen Außen, ein Außenverteidiger, der die Mittellinie nicht überschreiten darf, das alles ist heutzutage passé. Darunter hat die Ästhetik des Fußballspiels gelitten. Spielertypen wie Günther Netzer, Helmut Haller, Buffy Ettmayer, Franz Beckenbauer oder Fritz Walter gibt es heute so gut wie nicht mehr.

Dass Fußball ein Laufspiel ist, war von jeher ein Gesetz. Heute ist Fußball mehr denn je ein Laufspiel, und es ist Kampf, Krieg um den Ball. Wer zu spät kommt, hat schon verloren. Wahrscheinlich ist der FC St. Pauli im Jahr 2007 in die 2. Bundesliga aufgestiegen, weil am Millerntor eine Mannschaft spielte, die es wie keine andere versteht, Kampf, Einsatz und Wille über jede Form des individuellen Spiels zu setzen.

Auch in den Pokalspielen gegen die höherklassigen Gegner aus Berlin, Bochum und Bremen im letzten Jahr waren die Erfolge des FC St. Pauli ein Triumph eines Kämpferteams über elf gegnerische Einzelspieler. Und mehr als in irgendeinem anderen Fußballstadion in Deutschland ist am Millerntor das Publikum Teilnehmer des Spiels.

Die Zuschauer des FC St. Pauli nehmen durch die ständige Inszenierung des Geschehens auf den Rängen Einfluss auf das Spiel. In der größten Not, als das Spiel gegen Dynamo Dresden zu kippen drohte, stand das Publikum im gesamten Stadion auf den Sitzen und peitschte die Mannschaft mit seinen Schlachtrufen und Gesängen nach vorne. Wer dabei war, wird es nie vergessen. Trotz in mancher Hinsicht eher durchschnittlicher Begabungen einzelner Spieler des FC St. Pauli in der Saison 2006/07 habe ich auf keinem Fußballplatz der Welt jemals eine Mannschaft gesehen, die sich so verausgabt hat, in der einer für den anderen so selbstlos einstand wie diese Helden des FC St. Pauli im Frühsommer 2007. Dieser unbändige Kampfeswille, unterstützt und begleitet von einem frenetisch anfeuernden Publikum, ist der eigentliche Zauber der Atmosphäre am Millerntor.

Nirgendwo ist der Zuschauer so nah an der Mannschaft wie am Millerntor. Die Voraussetzung dafür liefert die Art und Weise, in der das Stadion als reine Fußballarena gebaut ist. Die räumliche Distanz zwischen Spielern und Zuschauern ist im Millerntor-Stadion aufgehoben. Hinzu kommt, dass der FC St. Pauli nicht wirklich unter Profibedingungen arbeitet. Nichts ist perfekt am Millerntor. Jeder Dorfverein hat heute komfortablere Umkleidekabinen als der Club am Millerntor.

Die Präsidenten Otto Paulick und Heinz »Papa« Weisener waren Vaterfiguren und gleichzeitig autoritäre Knochen. Im Hintergrund des Vereins mischten undurchsichtige Gestalten und Selbstdarsteller mit. An das große Geld zahlungskräftiger Sponsoren kam der FC St. Pauli trotzdem nicht heran. Oft wird man gefragt, wo der FC St. Pauli das ganze Geld aus den Zuschauereinnahmen verbraten hat. Dazu muss man wissen, dass die Stehplatz-Dauerkartenpreise in ihrer Höhe kaum geeignet sind, Reichtümer in der Kasse des FC St. Pauli anzuhäufen. Und die Mehrzahl der Dauerkarten am Millerntor sind nun einmal Stehplätze.

Das Vereinsheim wirkt wie die Kneipe einer Arbeitersiedlung in Rumänien. Die Duschen und Kabinen haben bei Gastvereinen einen legendären Ruf. Der Beton an den Stadiontreppen bröckelt. Die Container sind mit Graffiti beschriftet. Die Kassenhäuschen wirken wie aus einer anderen Zeit. Der Wind pfeift im Winter durch alle Ritzen und peitscht im Herbst den Zuschauern auf den Stehplätzen Regen und Schnee ins Gesicht. Dann singen die Fans des FC St. Pauli das Lied vom »Hamburger Wetter«, und es ist Kampf und Laufen bis zum Umfallen angesagt.

KAPITEL 17

Retter, Retterinnen und Retterchen

Am 25. Februar 2003 wurde Corny Littmann, seines Zeichens Inhaber des Theaters »Schmidts Tivoli« an der Reeperbahn, zum Präsidenten des FC St. Pauli gewählt, und zwar mit 78 Prozent der Stimmen. Er löste den ehemaligen Aktiven Reenald Koch ab, der inzwischen sein Dasein als »Präsident« des neu gegründeten Klubs Eintracht Norderstedt fristet und beim FC St. Pauli Gerüchten zufolge ein unüberschaubares Finanzloch hinterlassen hatte.

Ein Jahr zuvor hatte der FC St. Pauli noch in der ersten Liga gekickt und am 6. Februar 2002 den FC Bayern München zum bislang ersten und letzten Mal mit 2:1 durch Tore von Meggle und Patschinski besiegt. Die ersten 45 Minuten des Spiels waren von der »MoPo« als die »beste erste Halbzeit aller Zeiten« bezeichnet worden. Die Braun-Weißen attackierten die Bayern bereits an deren Strafraum, und Holger Stanislawski und Corgy Gibbs nahmen ihre Gegenspieler in klassischer Manndeckung. Im Zentrum agierte der knochenharte Kientz und räumte ab. Es war ein unvergessliches Spiel, ein bedingungsloser Kampf auf Biegen und Brechen, und am Ende war der FC St. Pauli der »Weltpokalsieger-Besieger«.

Dass der FC St. Pauli in dieser Runde trotzdem und wieder einmal abstieg, war der Tatsache zu verdanken, dass die Braun-Weißen zwar immer wieder einmal zu kämpferischen Leistungen der Extraklasse fähig waren, in der Regel aber ihren Striemel im Rahmen ihrer Möglichkeiten runterspielten. Da half es auch nichts, wenn »Bild« nachwies, dass Schiedsrichter gehäuft gravierende Benachteiligungen des FC St. Pauli verursachten, indem sie klare Elfmeter zugunsten der Mannschaft vom Millerntor nicht gaben oder die Anerkennung lupenreiner Tore versagten. Nach dem Abstieg in die zweite Liga verlor der FC St. Pauli sein komplettes Mittelfeld und dazu wichtige Abwehrspieler, nämlich Bajramovic, Rahn, Meggle, Kientz, Baris und Bürger. Baris und Bürger hätten wohl gehalten werden können. Es ging nicht nur um Geld. Henning Bürger und Deniz Baris erzählten mir seinerzeit, dass man mit ihnen gar nicht gesprochen hätte. Henning wäre ebenso wie Deniz gerne am Millerntor geblieben. Er ging zur Frankfurter Eintracht und spielte dort eine respektable Saison, Deniz Baris wechselte in die Türkei, landete später bei Fenerbahce Istanbul und avancierte zum türkischen Nationalspieler.

Was folgte, war die wohl schlechteste Saison aller Zeiten, und der FC St. Pauli machte den Durchmarsch in die dritte Liga. Das war zuvor nur Fortuna Düsseldorf und der Spvgg Unterhaching gelungen. Im Frühsommer 2003 hatte der FC St. Pauli gegenüber dem DFB ein Konzept vorzulegen, um eine Finanzlücke von knapp zwei Millionen Euro zu schließen.

Corny Littmann und seine Männer erfanden die »Retter-Kampagne«. Die Kampagne, von Corny Littmann medienträchtig inszeniert, erregte Aufsehen im ganzen Land. Der FC Bayern München absolvierte ein kostenloses Freundschaftsspiel am Millerntor, und Uli Hoeness, einst Lieblingsfeind der Fans und früher mit Pfennigen beworfen, lief eine Ehrenrunde im später zur Legende gewordenen Retter-T-Shirt. Dieses »Retter-T-Shirt« wurde in mehreren Variationen kreiert, auch als »Retterin«- und »Retterchen«-Shirt. Die T-Shirts wurden nicht nur in Deutschland, sondern selbst über die europäischen Grenzen hinaus abgesetzt. Der Verkauf der Hemden brachte rund eine Million Euro ein. Parallel beteiligten sich rund 50 Gastwirte auf St. Pauli an der Kampagne »Saufen für St. Pauli«, und bei Anwahl hilfreicher Telefonsexnummern führten die angerufenen Damen den Löwenanteil der Gebühr an den FC St. Pauli ab.

Auch die Politik wurde eingespannt. Bürgermeister Ole von Beust half beim Ticketverkauf, und die Bundestagsabgeordneten Olaf Scholz (SPD) und Krista Sager (Die Grünen) traten als T-Shirt-Verkäufer an. Hoch lebe die internationale Solidarität: Fanclubs von Celtic Glasgow, NAC Breda und Juventus Turin sammelten für den FC St. Pauli. Und die Rapidler aus Wien bestellten gleich 100 Retter-T-Shirts und verkauften sie im Stadion. Auch so kamen mehrere tausend Euro zusammen.

Nach der Saison 2002/03 war der FC St. Pauli also in der dritten Liga gelandet. Verantwortlich dafür war aus

Sicht der Fans weder das neue Präsidium, geschweige denn der Trainer Franz Gerber, sondern allen voran der Manager Stefan Beutel, der sich im Laufe seiner Tätigkeit nicht gerade mit Ruhm bekleckert hatte. Der FC St. Pauli war aufgrund des nun vorhandenen Spielerkaders keinesfalls in der Lage, den sofortigen Wiederaufstieg in die Wege zu leiten. Im Gegenteil, er dümpelte im Mittelfeld und in den Niederungen der Tabelle herum und schien phasenweise abstiegsverdächtig.

In der Saison 2005/06 freilich machte der FC St. Pauli dann doch wieder bundesweit von sich reden. Dass man im DFB-Pokal den Zweitligisten Wacker Burghausen aus dem Rennen geworfen hatte, schien noch verständlich. Dann erschien der Spitzenreiter der zweiten Liga, der VfL Bochum, am Millerntor. Bis zu diesem Zeitpunkt hatten die Männer aus dem Pott noch kein Spiel verloren und gerade den Tabellenzweiten aus Freiburg klar bezwungen. Die Braun-Weißen verpassten ihnen vier Tore, eines schöner als das andere, und es hätten an diesem denkwürdigen Tag auch gut sieben oder acht Tore sein können.

Das nächste B bitte. Es war die Hertha aus Berlin. Im Fußballmagazin »Elf Freunde« wurde es später als eines der besten 100 Spiele aller Zeiten weltweit qualifiziert. Eine Berliner Zeitung schrieb nach dem Spiel: »So muss es in der Hölle zugehen: lärmig, lustig, orgiastisch. Dazu haut es den Regen vom Himmel, gepeitscht von heftigem Südwind, die Erde weicht auf, und braun-weiße Männer wälzen sich im Schlamm. Sie umarmen sich, sie küssen sich, sie rutschen auf dem Bauch über den nassen Rasen …«

Zweimal lag der FC St. Pauli gegen die Startruppe aus Berlin zurück, und zweimal drehten sie den Spieß wieder um. Es war ein Kampf biblischen Ausmaßes, der des David gegen Goliath. Und am Ende siegte David nach Verlängerung mit 4:3. Es war das beste Fußballspiel, das ich je in meinem Leben sah, mit einem überragenden Felix Luz, einem bis zur Selbstaufgabe kämpfenden Florian Lechner und einem perfekten Fabio Morena.

Als nächsten Gegner erhielt der FC St. Pauli Werder Bremen zugelost. Die vierte »B-Stadt« also. Den ganzen Tag über hatte es am Spieltag geschneit, und auch während des Spiels nahm das Schneetreiben kein Ende. Die Werderaner hatten auf eine Absage gehofft, weil sie meinten, dass ihre technischen Vorteile auf schneebedecktem Rasen nicht zur Geltung kommen würden. Damit behielten sie Recht. Ein Fußballspiel gewinnt man jedoch nicht ausschließlich infolge technischer Überlegenheit, sondern meistens durch Kampf. Und den beherrschten die Spieler des FC St. Pauli elfmal mehr und besser als jeder hochbezahlte Schönwetter-Spieler der Grün-Weißen.

Werder Bremen verlor das Spiel mit 1:3, und das Team verlor völlig zu Recht. Mit der Einstellung, die die Bremer an diesem Abend zeigten, hätten sie auch bei besseren Platzbedingungen den Kürzeren gezogen. Im Halbfinalspiel gegen den FC Bayern zeigten die Mannen vom Kiez erneut eine herausragende Leistung, gerieten jedoch in Rückstand und mussten nun mit Mann und Maus in die

Offensive. Durch unglücklichen Spielverlauf und einen Torwartfehler des ansonsten überragenden Patrik Borger verlor die über weite Strecken bessere Mannschaft mit 0:3.

Zwischen den Pokalspielen gab es in dieser Saison schließlich auch noch ein aufsehenerregendes Punktspiel, und der Gegner war HSV II. Es fand am 26. November 2005 vor 12.600 Zuschauern im Volkspark statt, der damals nicht mehr Volkspark hieß, sondern AOL-Arena, und heute schon wieder anders. Spiele am Volkspark verhießen nichts Gutes. Dennoch resultierte die stattliche Kulisse aus der Tatsache, dass mindestens 10.000 der Zuschauer in St. Ellingen für Braun-Weiß gekommen waren. Das war nicht immer so, weil in früheren Jahren viele Fans des FC St. Pauli das HSV-Stadion mieden.

Es sollte der Tag von Michel Mazingu-Dinzey werden. In der 8. Minute verwandelte er zum 0:1, in der 26. Minute zum 0:2. Da waren die Zuschauer aus dem Häuschen, an diesem bitterkalten Novemberabend. Niemals sitzt ein Fan des FC St. Pauli auswärts im Block, auch dann nicht, wenn er eine Sitzplatzkarte hat. Und so war es auch an diesem Novembertag beim HSV. Die Fans waren außer Rand und Band, und die Spieler vom Millerntor auch.

Der FC St. Pauli gewann mit 4:0. Und nach dem Spiel erlebte ich es zum ersten Mal bei den Rothosen, dass die Fans des HSV den Spielern des FC St. Pauli stehend applaudierten. Mir war, als hätte ich den HSV höchstpersönlich besiegt. Wie oft war ich in diesem Stadion gewesen, hatte gehofft und gebangt und am Ende des Spiels mit hängendem Kopf auf der Tribüne gestanden, voller Mitgefühl für die braun-weißen Spieler auf dem Rasen. Ein Sieg gegen den HSV ist ein Sieg, und wäre er gegen die Altherren errungen worden.

Vor Beginn der Saison 2005/06 wurde die lebenslange Dauerkarte angeboten. Ein Stehplatz kostete 1.910 Euro, eine lebenslange Sitzplatz-Dauerkarte 3.910 Euro. Aufgrund meines Alters und meines Nikotinkonsums habe ich vom Kauf einer lebenslangen Dauerkarte abgesehen.

KAPITEL 18

»Back from Hell«

Wir hatten uns in der »Shamrock«-Clique damit abgefunden, eine Pokalmannschaft zu sein. Zu Beginn der Saison 2006/07 rechnete niemand damit, dass der FC St. Pauli aufsteigen könnte. Nicht mehr nur den »Spiegel«, sondern auch den »Kicker« begann ich seit dem Abstieg des FC St. Pauli von hinten zu lesen, weil die etwas zu spärlich geratenen Spielberichte und Informationen über die 3. Liga eben dort zu finden sind.

Bei Auswärtsspielen am Wochenende lief auf dem Fernseher der Videotext von NDR 3, Seite 224, wo die Torfolge der Spiele »live« zu besichtigen war. Danach wartete ich auf die Übertragung der Spiele ab 17 Uhr im NDR 3 TV. Jens, Ali, Günter und ich hatten uns darauf verständigt, dass der FC St. Pauli nicht absteigen würde. Die Pokalspiele der letzten Runde hatten uns für viele enttäuschende Begegnungen am Millerntor entschädigt. So nahmen wir es auch nicht weiter tragisch, dass wir das Pokalspiel in der 1. Hauptrunde 2006 gegen den FC Bayern verloren. Unsere Mannschaft hatte ein prima Spiel gezeigt und war den Bayern phasenweise überlegen gewesen.

An einem sonnigen Sonntagmorgen im Juli 2006 gingen Jens, Totila und ich zu einem Vorbereitungsspiel des

FC St. Pauli nach Poppenbüttel. Unser Team schoss ungefähr 14 Tore, und mehrere davon Michel Mazingu-Dinzey, der große Schweiger. Auch Daniel Stendel, ans Millerntor gekommener Dauerverletzter von Hannover 96, zeigte sich in Spiellaune. Wir gingen mit dem Bewusstsein in die neue Saison, eine Super-Betonabwehr zu haben. Nein, absteigen würden wir nicht, nicht mit diesem brasilianisch-brillanten Fabio Morena als Abwehrchef, nicht mit dem Dauerbrenner, Weitwerfer, Strafstoßspezialisten und Teufelskerl Florian Lechner, und nicht mit dem Abräumer Marcel Eger.

Nach der Hinrunde waren wir im Mittelfeld der Tabelle gelandet. Meine Freunde aus dem Hinterland riefen an und fragten, was mit dem FC St. Pauli los sei. Bei genauer Betrachtung der Tabelle hätte man sehen können, dass der Punktabstand zu einem Aufstiegsplatz einholbar schien.

Mit Ali, Eberhard und Totila war ich im Zug nach Düsseldorf gefahren. Dort hatten wir knapp, aber verdient verloren. Der ehemalige St.-Pauli-Spieler Robert Palikuca hatte nach vier Minuten das 1:0 für die Fortuna geköpft. Ich ärgerte mich, dass seine ehemaligen Mitspieler ihn nicht entsprechend bewacht hatten, weil Palikuca am Millerntor nach genau dem gleichen Schema vor dem gegnerischen Tor agiert hatte. Dennoch: So überlegen waren die Fortunen nun auch nicht gewesen. Allerdings wurden sie im Rheinstadion von 20.000 Zuschauern unterstützt. Da war der braun-weiße Anhang in der Minderheit.

Eberhard prophezeihte, dass die Fortunen aufsteigen würden. Auf der Rückfahrt übernachteten wir in Münster. In einer Kneipe trafen wir eine ganze Horde von vermeintlichen Fans des FC St. Pauli in Weltpokalsieger-Besieger-T-Shirts. Sie entpuppten sich jedoch als Bewunderer des Münsteraner Tatort-Kommissars Thiel, der in seinen Filmen in Pauli-Klamotten ins Bett zu steigen pflegt. Verkatert und niedergeschlagen kamen wir am nächsten Vormittag in Hamburg an. Niemand hätte auf unseren Aufstieg gewettet. Union Berlin kam als Spitzenreiter zu uns. Wir spielten nur auf deren Tor und hätten mindestens acht, neun Tore machen müssen. Das Spiel ging 0:0 aus.

Während der ganzen Saison 2006/07 stand die Abwehr des FC St. Pauli wie eine Eins. Der Sturm machte aber zu wenig Tore, trotz unzähliger Chancen. Die Mannschaft spielte gut. Das Spiel lief so flüssig wie seit langem nicht, immer über mehrere Stationen, elegant und schnell. Nur am Sechzehner waren die Stürmer mit ihrem Latein am Ende, Stendel zu klein, Arifi zu schmächtig, die gegnerischen Abwehrspieler meistens Riesen. Im Auswärtsspiel beim HSV II am Volkspark sah ich das Spiel unserer Jungs zusammen mit Mathias Kampmann, einem Hamburger Fußball-Mäzen, der sich seinerzeit noch für den VfB Lübeck im Vorstand engagierte. Unser Team war der jungen, hochgelobten Truppe von Karsten Bäron in allen Belangen überlegen, und der braun-weiße Anhang, wie immer bei solchen Spielen, zahlen- und stimmungsmäßig auch. Ununterbrochen rollten die Angriffe des FC St.

Pauli auf das Tor des HSV. Aber ein Tor wollte nicht fallen.

Der Gastgeber besaß in den 90 Minuten allenfalls drei Konterchancen. Trotz des torlosen Unentschiedens sagte Mathias Kampmann: »Ihr steigt auf. So ein Team hattet ihr seit Jahren nicht. Der Ball läuft, eure Spieler haben das größte Potenzial in der Regionalliga.« Ich glaubte ihm nicht und sagte: »Wir machen zu wenig Tore.« Aber die Einschätzung von Mathias Kampmann machte mir Mut. Unser Team war eine Einheit, eine verschworene Gemeinschaft. Unbändige Freude kam selbst auf der Ersatzbank auf, wenn wir ein Tor schossen. Die Defensivspieler gingen wie die Berserker im Forechecking auf die ballführenden Gegenspieler los. Am Millerntor wurde Fußball mit Herz gespielt. Den Gedanken, dass wir den Aufstieg packen könnten, wollte ich trotzdem nicht an mich heranlassen, um nicht einmal mehr enttäuscht zu werden.

Ich führte mir ständig alle Gründe vor Augen, die einem Aufstieg im Wege stehen könnten: unsere geringe Torausbeute, die ausstehenden Auswärtsspiele im Osten, wo wir schon seit Jahren nicht mehr gewonnen hatten, die Stärke unserer Gegner, das Fehlen eines Torjägers.

Das Unentschieden in Osnabrück und die Art, wie es erspielt wurde, ließ aufhorchen. In Erfurt hatte ich auf ein Unentschieden gehofft. Wir gewannen. Ali hatte hinfahren wollen. Ich dachte, das bringt Unglück, weil wir, wenn ich dabei war, auswärts noch nie gewonnen hatten. Im vorletzten Spiel der Saison, gegen Dynamo Dresden, brauchten wir schließlich nur noch einen Punkt. Ich rechnete, wie immer, mit dem Schlimmsten, einer Niederlage. Irgendwann musste unsere Heimserie ja einmal zu Ende gehen. Den ganzen Tag war ich nervös, musste immer wieder an das Spiel am Abend denken.

Dynamo Dresden entpuppte sich am Millerntor als einer der stärksten Gegner der gesamten Saison. Die Dynamos spielten einen guten, offensiven Fußball. Das Publikum aus Sachsen erging sich darin, 90 Minuten lang einen immer wiederkehrenden Schlachtruf aus zwei Wörtern im näselnden Singsang durch das Stadion zu blöken. Erstmalig aber verhielten sich die sächsischen Fans friedlich, denn im Vorfeld des Spiels hatten die Verantwortlichen des Vereins in Dresden offensichtlich mit Erfolg dafür gesorgt, dass Hooligans zu Hause bleiben mussten. Die Dynamo-Spieler wirkten wie aufgedreht, störten die Braun-Weißen bei der Ballannahme und trugen ein ums andere Mal brandgefährliche Angriffe über die Flügel vor. Sie liefen um ihr Leben, genau so, wie das sonst nur der FC St. Pauli gegen übermächtige Gegner praktizierte. Die Pauli-Fans spürten die Bedrängnis, in die ihr Team geraten war. Das Spiel stand auf des Messers Schneide. Es war ein offener Schlagabtausch mit ungewissem Ausgang. Und nun standen selbst die Zuschauer im Bonzenblock geschlossen auf, stiegen auf ihre Sitze und feuerten ihre Elf auf dem Rasen frenetisch an. Und in dieser großen Not erklang plötzlich der Schlachtgesang »You'll never walk alone«: »Hold on, hold in with hope in your heart…«, und einmal mehr fassten sich Stanis Männer ein Herz und gaben noch einmal alles. Der

FC St. Pauli brachte das Unentschieden über die Runden. Wir waren aufgestiegen.

»Der Schlusspiff: eine Erlösung, die alle Dämme brechen lässt. Tanzende Männer in kurzen Hosen, sich küssende Männer, singende und grölende Männer, auf allen Vieren zur Raupe vereint über den Rasen kriechende Männer, sich kübelweise mit Bier begießende Männer – Männer außer Rand und Band, am Rande des für den Uneingeweihten albern bis peinlich wirkenden Verhaltens… Es hat sich alles gelohnt, alles hat sich gelohnt, resümiert Trainer Stanislawski immer wieder vor sich hin…«, schrieb Marco Carini unter der Headline »Der große Rausch« am 29. Juli 2007 in der »taz«. Was folgte, war das schönste Fußballfest seit langer Zeit im Herzen der Stadt Hamburg, auf St. Pauli. 60.000 Menschen feierten auf der Reeperbahn, am Spielbudenplatz, am Hans-Albers-Platz und im Schanzenviertel.

»Back from Hell!« Welcome to the Hell!

Willkommen in der Hölle des FC St. Pauli, ihr Spieler und Söldner vom 1. FC Köln, von 1860 München, Mainz 05, Alemannia Aachen, vom 1. FC Kaiserslautern, von Borussia Mönchengladbach und den Offenbacher Kickers! Vielleicht seid ihr alle nur Karnevalsvereine, vielleicht werden wir euch wegblasen am Millerntor. Wir haun euch alle wech! Denn wir sind ein Team. Niemand siegt am Millerntor, auch dann nicht, wenn wir verlieren!

Es spricht fast alles dafür, dass wir in der zweiten Liga eine gute Rolle spielen werden. Das Team des FC St.

Pauli ist im Kern zusammengeblieben. Die neu hinzugekommenen Spieler verstärken den Kader. Die Schwäche vieler anderer Vereine im bezahlten Fußball ist die Stärke des FC St. Pauli. Das Manko des Fußballs in Deutschland liegt darin, dass in den Proficlubs allzuoft von Saison zu Saison völlig neue Kader zusammengekauft werden. Vereinstreue zählt nicht mehr.

Der kritische Zuschauer, der nach Identität und Heimat bei seinem Klub sucht, könnte sich statt eines Spiels des VfL Wolfsburg gegen den HSV genauso gut auch ein Spiel von Red Bull Salzburg gegen PSV Eindhoven ansehen. Die meisten Spieler sind ihm fremd. Der Fußball muss die Identität zwischen Mannschaft und Zuschauern wiederherstellen. Die Vereine sollten ihre Talentspäher daher stärker in die Regionen schicken, die im geografischen Umfeld der jeweiligen Heimatstädte der Klubs liegen. Gute Spieler gibt es überall, man muss sie nicht vornehmlich in Südamerika suchen.

Die Identität zwischen Mannschaft und Fans ist die Stärke des FC St. Pauli. Der Verein wird seinen Weg auch in der 2. Liga gehen.

Einen Vorgeschmack auf die bevorstehende Saison bekam das interessierte Fußball-Deutschland beim Pokalbesuch der Millionentruppe von Bayer Leverkusen in der 1. Hauptrunde des DFB-Pokals 2007/08.

Die Mannschaft von Michael Skibbe hätte gewarnt sein müssen, aber die Truppe vom Rhein, von Teilen der Fans mal liebevoll, mal abschätzig als »Pillendreher« bezeichnet, unterlag wohl der gleichen Selbstüberschätzung, der Werder Bremen und Hertha BSC seinerzeit zum Opfer gefallen waren. In der Nationalmannschaft gespielt zu haben muss in heutigen Zeiten nicht Spieltag für Spieltag als besonderes Gütezeichen verstanden werden. Fußball ohne Herz kann nicht gewinnen, und Geld schießt keine Tore. Von fünf Minuten vor und zehn Minuten nach der Halbzeit abgesehen, war der FC St. Pauli der zu Jahresbeginn noch zwei Klassen höher spielenden Stargarnitur überlegen.

Beim Warmmachen vor dem Spiel trug das gesamte Team des FC St. Pauli T-Shirts mit der Nummer 2 und der Aufschrift LECHNER, eine Sympathiebekundung für den in der Vorbereitung schwer verletzten Mitspieler. Dass solche Formen der Freundschaft nicht nur für die Kulisse stattfinden, sondern in der Mannschaft gelebt werden, zeigte sich im gesamten Spielverlauf. Gekas, der vom VfL Bochum gekaufte Torjäger der Leverkusener, wurde von Carsten Rothenbach und Marcel Eger gemeinsam kaltgestellt. Wer die Zweikämpfe zwischen Bernd Schneider und Thomas Meggle genau beobachtete, hätte die Frage stellen müssen, wer von beiden eigentlich in der Nationalelf spielt. Thomas Meggle lieferte in diesem Spiel einmal mehr eine grandiose Partie ab.

Der Neuzugang Björn Brunnemann aber (von Rot-Weiß Erfurt ans Millerntor gekommen) überragte alle, und nicht nur beim Kopfball. In unermüdlichem Einsatz rackerte er im Mittelfeld, ging in die Zweikämpfe, machte Druck nach vorne. Charles Takyi spielte Zuckerpässe, Ian Joy war dem um scheinbar zwei Köpfe größeren Stefan Kießling zwar im Luftkampf unterlegen, doch sowie der Ball den Boden berührte, hatte der deutsche Nationalspieler eindeutig das Nachsehen.

Als in der 87. Minute durch Fabian Boll der Treffer zum 1:0 für den FC St. Pauli fiel, tobte das Stadion am Millerntor: Niemand siegt am Millerntor.

Es war wieder einmal ein Spiel gewesen, das den Zauber des Fußballs beim FC St. Pauli (und den Zauber des Fußballs auf der ganzen Welt) belegte: Wenn eine Mannschaft zusammenhält, wenn jeder alles gibt, wenn die Spieler mit dem Herzen dabei sind, dann können sie elf vermeintlich bessere Fußballspieler-Millionäre besiegen. Nach Spielabpfiff wurde Florian Lechner von seiner Freundin über die Treppen der Haupttribüne hinunter zur Werbebande geführt. Er ging auf Krücken. Zuschauer und Ordner halfen ihm, die Barriere zu übersteigen. Er humpelte an seinen Krücken zum Mittelkreis, wo sich seine Mitspieler versammelt hatten und ihn nun in ihrem Kreis aufnahmen. Und anschließend begleitete er seine Kameraden zur Ehrenrunde.

So lächerlich der Spruch »Elf Freunde müsst ihr sein« in heutigen Fußballzeiten angesichts der Macht des Geldes und anderer Begleiterscheinungen zuweilen anmuten mag, beim FC St. Pauli ist er zu neuem Leben erwacht. Nur, beim FC St. Pauli sind es offensichtlich noch weitaus mehr als elf Freunde.

Epilog

Plötzlich hat mich der gewohnte Zweckpessimismus verlassen. Ich habe ihn bisher immer eingesetzt, um im Nachhinein, nach einem Spiel, nach einer Saison nicht enttäuscht zu sein. Mit den Jungs aus der Clique gehe ich selbstbewusst in die Spiele der zweiten Liga.

Und das nicht allein wegen des wunderbaren Pokalspiels gegen Bayer Leverkusen. Schon das Vorbereitungsspiel in der Adolf-Jäger-Kampfbahn des FC Altona 93 gegen PAOK Saloniki hatte Mut gemacht. Wir verloren mit 2:3 wegen einiger Flüchtigkeitsfehler in der Abwehr. Fabio Morena hatte gefehlt und auch der immer famose Florian Lechner, der in der Vorbereitung einen Wadenbeinbruch erlitt. Dafür aber zog im Mittelfeld der Braun-Weißen ein Charles Takyi die Fäden, der seine überragenden Leistungen der letzten Saison noch einmal übertraf und dem Aufbauspiel des FC St. Pauli einen Glanz verlieh, der zu den schönsten Hoffnungen Anlass gibt. Meggle unterstrich seine aufsteigende Form in der ihm seit letzter Saison zugedachten Rolle im eher defensiven Mittelfeld, rackerte sich ab, grätschte, schlug fabelhafte Pässe, wie in seinen besten Zeiten. Ein athletischer, kopfballstarker Brunnemann gewann entscheidende Zweikämpfe im Mittelfeld, und mit dem Ex-Borussen Schnitzler konnte offensichtlich ein kompakter Mittelstürmer für unser Team gewonnen werden, der sich im Strafraum durchsetzen kann.

Der FC St. Pauli muss keinen Gegner am Millerntor fürchten. Alle Sinne müssten mich trügen, wenn die Elf vom Millerntor die Liga nicht halten könnte. Wir werden unvergessliche Siege feiern. Oder vielleicht auch nicht. Am Ende macht es keinen Unterschied, und die Heimspiele würden für mich nicht anders ablaufen als immer schon.

Ich freue mich auf die Vorspiele im »Shamrock« und die Begegnungen mit meinen Freunden aus der Clique. Wir werden in unserer Stammkneipe an der Feldstraße ein Guinness und vielleicht noch ein paar dazu trinken, und am Getränkestand und im Bonzenblock das eine oder andere Astra. Wenn Dom ist, werden wir auf dem Weg zum Stadion ein Schaschlik essen. Am Eingang zum Block wird, wie immer, die freundlich lächelnde Kontrolleuse stehen, die Ali manchmal ein Auge knipst und die im Winter, wenn es zieht, die Tür nach jedem Pinkler schließt, damit wir nicht einfrieren. Am »Littmann-Loch« wartet der Mann an der Anzeigentafel auf die Tore des FC St. Pauli. Der Gemüsemann und seine Frau werden ihre Sitzkissen auf die Plastikstühle legen. Ich werde meine Fransenkappe aufziehen, mit der wir zu Hause noch nie verloren haben. Jens wird die Kellnerin bitten. Stani und Truller nehmen ihren Platz auf der Bank ein.

Wie eh und je wird hinter den blattlosen Bäumen am Heiligengeistfeld der Michel dem immerwährenden Regen und Wind trotzen. Dann erklingen die »Hells Bells«, und Fabio Morena und unsere geliebten Helden laufen in die Arena ein, und alles wird so sein, wie es immer beim Fußball des FC St. Pauli war, von allem Anfang an.

St. Pauli, Herbst 2007

Meine persönlichen FC St.Pauli-Listen

11 Originale des FC St. Pauli

1 Zeugwart Claus-Peter Bubke
2 Volker Ippig
3 Klaus Thomforde
4 Walter Frosch
5 Morike Sako
6 Nico Patschinski
7 Florian Lechner
8 Holger Stanislawski
9 Leonardo Manzi
10 Helmut Schulte
11 Corny Littmann

Die 11 besten Spiele des FC St. Pauli 1991 – 2007

1 FC St. Pauli – Hertha BSC 4:3 n.V.
(DFB-Pokal 2005/06)
2 FC St. Pauli – Bayern München 2:1
(6.2.2002)
3 FC St. Pauli – Bayern München 1:2 n.V.
(DFB-Pokal 2006/07)
4 FC St. Pauli – VfL Bochum 4:0
(DFB-Pokal 2005/06)
5 FC St. Pauli – Werder Bremen 3:1
(DFB-Pokal 2005/06)
6 FC St. Pauli – Karlsruher SC 2:0
(12.4.1991)
7 FC St. Pauli – FC Homburg 5:0
(Saison 1994/95)
8 1. FC Nürnberg – FC St. Pauli 1:2
(20.5.2001)
9 FC St. Pauli – TSV 1860 München 2:1
(Saison 1993/94)
10 Borussia Mönchengladbach – FC St. Pauli 2:4
(Saison 1995/96)
11 FC St. Pauli – Dynamo Dresden 2:2
(Saison 2006/07)

Meine 11 Lieblingsspieler des FC St. Pauli 1991 – 2007

Klaus Thomforde

Florian Lechner / Fabio Morena / Marcel Eger / André Trulsen

Holger Stanislawski / Zlatan Bajramovic / Thomas Meggle

Martin Driller / Marcel Rath / Ivan Klasnic

Fünf Unglücksraben des FC St. Pauli

Stefan Beutel, weil er nach Meinung vieler viel machte, aber meistens das Falsche
Reenald Koch, weil er ein guter Spieler und ein schwacher Präsident war
Eckhard Krautzun, weil seine Aufstellungen und seine Taktik manche Fans zur Verzweiflung brachten
Oliver Held, weil er in entscheidender Situation falsch einlochte
Steffen Karl, weil er besser zum Kiez als in die Mannschaft passte

Meine 11 Superfans des FC St. Pauli

Kai Hans Schmidt, mein Sohn, ehemaliger Schalke-Anhänger und nun bekennender Paulianer

Henning Schmidt, mein Sohn, vom HSV mit fliegenden Fahnen zum FC St. Pauli übergelaufen

Alexander Grade, Mitglied der Shamrock-Clique, Geschäftspartner und mein bester Freund in Norddeutschland

Jens J. Meyer, von Geburt an Paulianer, ehemaliger Verlagskollege im Jahreszeiten Verlag und nun freier Journalist, »Shamrocker«

Wolfgang Rick, Wiener Urgestein, Rapidler und Paulianer zugleich, im »Nebenberuf« einer der Inhaber der Medienfirma Morawa

Günter Klempau, Hobbysegler, selbstständiger Anzeigenmanager und Wettkönig der »Shamrock«-Clique

Dr. Sibylle Gierschmann, Juristin im Münchener Exil, waschechte Hamburger Deern und St. Paulianerin seit dem ersten Stadionbesuch

Andreas Hallaschka, Chefredakteur der Zeitschrift »Merian« und einer der zahlreichen Pauli-Fans, die ihre fußballerische Kindheit im Hessenland verbracht haben

Thomas Hass, Geschäftsführer der Mitarbeiter-KG des Spiegel-Verlages, der trotz karger Freizeit kein Spiel der Braun-Weißen versäumt

Julia Walter, die Tochter meines Freundes Sepp

Sepp Walter, mein alter Freund aus dem Hinterland, der Samstag für Samstag auf einen Sieg für den FC St. Pauli hofft und dessen Herz zusätzlich gleich zweimal für Schwarz-Gelb schlägt: den BVB und den SV Eckelshausen

Mein persönlicher Fanshop vom FC St. Pauli

1 Mütze FC St. Pauli 1910 (Vereinswappen)
1 Mütze St. Pauli mit Fransen
1 Mütze mit Totenkopf
1 Schal »You'll never walk alone«
1 Schal braun-weiß gestreift
1 Schal FC St. Pauli/1. FC Köln
1 Schal Celtic Glasgow
1 Schal Wiederaufstieg 2007
1 Che-Guevara-T-Shirt, braun
1 Weltpokalsieger-Besieger-T-Shirt
1 Retter-T-Shirt
1 »Wir sind Pokal«-T-Shirt
1 »Wir sind zweitklassig«-T-Shirt
1 »Back from Hell«-T-Shirt

3 T-Shirts mit Wappen FC St Pauli
1 Pullover mit Kapuze, braun mit Wappen FC St. Pauli
1 Trikot FC St. Pauli
1 Regenjacke FC St. Pauli
1 Schlüsselanhänger FC St. Pauli
1 Kaffeebecher Totenkopf
1 Badeessenz »Wir waschen uns nie«
1 Zippo-Feuerzeug FC St. Pauli
1 Wulle-Entchen, braun, FC St. Pauli
1 Wimpel FC St. Pauli
1 Schlüsselanhänger mit Totenkopf
1 Auto-Aufkleber FC St. Pauli
1 Mannschaftsfoto
1 »Kicker«-Stecktabelle mit FC St. Pauli auf Platz 1

Meine 11 Lieblingsclubs

1 FC St. Pauli
SV Eckelshausen
3 1. FC Köln
4 Kickers Offenbach
5 Rapid Wien
6 FC Liverpool
7 FC Barcelona
8 Ofi Kreta (Heraklion)
9 Celtic Glasgow
10 Ajax Amsterdam
11 Fenerbahce Istanbul

11 Angstgegner

1. Hamburger SV
2. Dynamo Dresden
3. Energie Cottbus
4. Hansa Rostock
5. Rot-Weiss Essen
6. FV Breidenbach
7. VfB Lübeck
8. Real Madrid
9. AS Rom
10. FC Chelsea
11. FC Dundee

11 Tipps rund ums Millerntor

1 Warmmachen im »Shamrock«, Feldstraße
(vor dem Spiel)
2 Auslaufen im »September«, Feldstraße
(nach dem Spiel)
3 Vereinsheim FC St. Pauli
(vor und nach dem Spiel)
4 Currywurst und Astra 0,5 l hinter der Haupttribüne
6 »Lehmitz«, Reeperbahn
7 Fanshop besuchen
8 Besuch im »Jolly Roger«
9 »Knust«
10 »Das Herz von St. Pauli«, Spielbudenplatz
11 Warm anziehen

11 Zaungäste am Millerntor, gelegentlich

1 Bernd Hollerbach
2 Felix Magath
3 Frank Neubarth
4 Uwe Seeler
5 Michael Lorkowski
6 Eckhard Krautzun
7 Udo Lindenberg
8 Juri Sawitschew
9 Stefan Böger
10 Martin Driller
11 Bela B.

Meine 11 Lieblingstrainer

1 Holger Stanislawski
2 André Trulsen
3 Helmut Schulte
4 Volker Finke
5 Felix Magath
6 Tschik Cajkowski
7 Helmut Schön
8 Hans Meyer
9 Jochem Ziegert
10 Philipp Jung
11 Sepp Herberger

Eine Umfrage

Der Zauber des FC St. Pauli…

… liegt darin, dass er die vom Aussterben bedrohten Werte des Fußballs verkörpert.
(Wolfgang Rick, Wien)

… liegt in seiner Empathie.
(Joy Jensen, Hamburg)

… ist der, dass Fußball dort immer ein Fest ist.
(Henning Schmidt, Neustadt am Rübenberge)

… liegt in den Menschen, die sich dort treffen.
(Ingeborg Böcher, Marburg/Lahn)

… ist in Worten nicht zu beschreiben.
(Giso Dersch, Eckelshausen)

… ist, dass ich am Millerntor für einen ganzen Tag auf einem anderen Planeten bin.
(Julia Walter, Dautphetal)

… ist, dass über diesen Verein die Welt erfährt, wie erfüllend es sein kann, stets nur zweiter Sieger zu sein.
(Jochen Harberg, Hamburg)

… ist, dass ehrlicher Fußball, die Fans und das, was dazugehört, dort eine Heimat haben.
(Kai Schmidt, Henstedt).

… liegt darin, dass von Bierdunst und Marihuanaschwaden umwölkt noch jeder Grottenkick wie ein Fest begangen wird und die wahren Feste wie Gottesdienste gefeiert werden.
(Andreas Hallaschka, Hamburg)

… liegt darin, dass die Mannschaft immer wieder zeigt: Man muss kein Siegertyp sein, um große Siege zu erringen.
(Simone Buchholz, Hamburg)

… liegt darin, dass man im Gegensatz zur echten Magie vorher nie wirklich weiß, ob ein Trick auch funktioniert.
(Katrin Kummer, Hamburg)

… liegt darin, dass er Unsinn stiftet.
(Markus Asam, Hamburg)

… liegt darin, dass die Fans an ihren Piratenklub glauben, dass sie mit ihm hoffen, mit ihm trauern und, wenn es sein muss, mit ihm zugrunde gehen.
(Friedhold Weber, Eckelshausen).

… liegt darin, dass er seinen Fans eine unvergleichliche Lebenswelt eröffnet, die ihrer Sehnsucht nach Identität und emotionaler Beteiligung in einem Kollektiv mit Sonderstatus eine Heimat bieten kann.
(Totila Zapf, Hamburg).

… liegt darin, dass St. Pauli nicht nur Fußball ist, sondern eine Weltanschauung.
(Stefan Zastrutzki, Hamburg)

… liegt darin, dass ein Verein so voller Lust, Liebe und Leidenschaft nur ein Mal in Deutschland existiert.
(Manfred Bissinger, Hamburg)

… liegt darin, dass kein anderer Verein mich so sehr in die siebziger Jahre zurückversetzen kann, in denen ich als Jugendlicher vor dem Radio saß (wenn ich nicht selbst für den MTV Leck spielte) und hoffte, dass die Fohlen immer ein Tor mehr schießen als der Gegner.
(Dierck Harksen, Hamburg)

… liegt darin, dass man bei den Spielen am Millerntor in eine Zeit zurückversetzt wird, in der die Welt des Fußballs noch intakt war.
(Burkhard Dersch, Eckelshausen)

… liegt darin, dass alle Tugenden des Fußballsports beim FC St. Pauli eine Heimat haben.
(Alexander Grade, Elmshorn)

… liegt darin, dass die Begegnungen am Millerntor spektakulärer sind als jedes andere Familientreffen.
(Günter Klempau, Hamburg)

… liegt darin, dass es nur zwei Spiele gibt, die sämtliche Probleme des Alltags vollkommen vergessen lassen. Das zweite Spiel ist der Fußball, zumal am Millerntor. Wann war ich je so »happy« wie am 6.2.2002 beim 2:1-Sieg gegen den FC Bayern; so stolz wie während der Pokal-Siegesserie im Winter 2005/06; so aufgeregt wie am 25.5.2007, als wir gegen Dresden den entscheidenden Punkt für den Aufstieg geholt haben? Mio core. Das Herz von St. Pauli, non-established since 1910. Danke, ihr Helden!
(Jens J. Meyer, Hamburg)

Danke an alle, die beim Entstehen dieser Liebeserklärung behilflich waren.

Hermann Schmidt
Geboren 1949 in Eckelshausen/Lahn.
Aktiver Fußballer 1960 bis 1980:
SV Eckelshausen, FC Kombach, VfL Biedenkopf,
TSV Wittelsberg, BFC Südring.
Mitglied des FC St. Pauli.
Veröffentlichungen:
Bilder aus Fischbach (Sachsenbuch Verlag, Leipzig 1991)
Meronis Sommer (Sachsenbuch Verlag, Leipzig 1995)